HEIDE BERGMANN

KRÄUTERSPIRALE

INHALT

4 KRÄUTERSPIRALEN-PRAXIS

28 KRÄUTER-PORTRÄTS

EXTRAS

DIE GU-QUALITÄTS-GARANTIE

Wir möchten Ihnen mit den Informationen und Anregungen in diesem Buch das Leben erleichtern und Sie inspirieren, Neues auszuprobieren. Bei jedem unserer Produkte achten wir auf Aktualität und stellen höchste Ansprüche an Inhalt, Optik und Ausstattung. Alle Informationen werden von unseren Autoren und unserer Fachredaktion sorgfältig ausgewählt und mehrfach geprüft. Deshalb bieten wir Ihnen eine 100 %ige Qualitätsgarantie.

Darauf können Sie sich verlassen:
Wir legen Wert auf einen nachhaltigen Umgang mit der Natur im eigenen Garten. Wir garantieren, dass:

- alle Anleitungen und Tipps von Experten in der Praxis geprüft und
- durch klar verständliche Texte und Illustrationen einfach umsetzbar sind.

Wir möchten für Sie immer besser werden:
Sollten wir mit diesem Buch Ihre Erwartungen nicht erfüllen, lassen Sie es uns bitte wissen! Wir tauschen Ihr Buch jederzeit gegen ein gleichwertiges zum gleichen oder ähnlichen Thema um. Nehmen Sie einfach Kontakt zu unserem Leserservice auf. Die Kontaktdaten unseres Leserservice finden Sie am Ende dieses Buches.

GRÄFE UND UNZER VERLAG
Der erste Ratgeberverlag – seit 1722.

Salbei
Thymian
Hopfen-
oregano
Estragon
Schnittlauch
Minze

KRÄUTERSPIRALEN-PRAXIS

Die dreidimensionale Kräuterspirale überrascht mit einem besonderen Ökosystem. Weil sie in verschiedene Zonen gegliedert ist, bietet sie den unterschiedlichsten Kräutern einen Lebensraum.

Das Kräuterbeet mit dem speziellen Dreh

Seit den 1980er-Jahren ist die Kräuterspirale bei uns bekannt und bis heute nicht aus der Mode gekommen. Im Gegenteil: Sie liegt voll im Trend. Wer sich mit Tee-, Arznei- und Küchenkräutern selbst versorgen und seinen Garten ökologisch gestalten möchte, liegt mit der Kräuterspirale richtig. Das Hochbeet aus Steinen stellt sich als attraktive, zeitgemäße Anbauform dar, die multifunktional, naturnah und ästhetisch zugleich ist. Grundlage ist eine sich spiralig nach oben windende Trockenmauer. Auf kleinem Raum vereint sie unterschiedliche Standorte mit jeweils anderer Bodenbeschaffenheit: Auf dem Gipfel liegt die steinige Trockenzone, dann folgen von oben nach unten die Normalzone mit durchlässigem, normalem Gartenboden, die nährstoffreiche Humuszone und die Wasserzone. Die Spirale bietet Platz für Pflanzen mit höchst unterschiedlichen Ansprüchen: Für Trockenheitskünstler wie Thymian und Salbei, mediterrane Schönheiten wie Lavendel und Rosmarin, für humusliebende Kräuter wie Minze und Schnittlauch sowie für Wasserpflanzen wie die Brunnenkresse.

Magie der Form

Eine Kräuterspirale bringt noch mehr Vorteile. Weil sie sich – anders als ein flaches Beet – spiralförmig in die Höhe schraubt, gewinnt man mehr Anbaufläche. Auch wenn der Gartenboden für Kräuter ungeeignet ist, also zum Beispiel aus schwerem Lehm besteht, ist dieses Hochbeet eine geschickte Lösung, weil man die einzelnen Zonen mit dem für die Kräuter jeweils geeigneten Substrat befüllt. Und hat man die Spirale erst einmal errichtet und bepflanzt, kann man viele Jahre ernten und hat nur noch wenig Arbeit.

Nicht zuletzt fasziniert ihre magische Form, denn die Spirale symbolisiert Leben und Wachstum. Sie taucht in der Natur in unzähligen Variationen auf, im Bauplan eines Schneckenhauses ebenso wie in spiralförmigen Galaxien im Universum. Ist es nicht ein inspirierender Gedanke, einem Beet, bepflanzt mit gesunden Kräutern, diese Form zu geben?

Ein Element der Permakultur

Die Kräuterspirale hat einen geistigen Vater, den Australier Bill Molisson. Vor über 30 Jahren griff der überzeugte Ökologe das von dem Japaner Masanuba Fukuoka begründete Konzept der Permakultur auf und entwickelte es mit seinen zukunftsweisenden Ideen weiter zu einer speziellen Form der nachhaltigen, biologischen Landwirtschaft. Molisson wurde dafür 1981 mit dem alternativen Nobelpreis ausgezeichnet. Eines der bekanntesten Elemente dieser Permakultur ist die Kräuterspirale.

Der Begriff Permakultur setzt sich aus den englischen Begriffen »permanent« und »agriculture« zusammen. Er bezeichnet eine Landwirtschaft, die nicht auf Monokulturen, sondern auf Vielfalt setzt, nicht auf kurzfristigen Profit, sondern auf Nachhaltigkeit. Molissons Visionen sind struktur- und artenreiche Lebensräume, in denen Menschen, Tiere und Pflanzen harmonisch zusammenleben. In solchen Systemen erfüllen die einzelnen Elemente mehrere Funktionen und beeinflussen sich wechselseitig. Je komplexer und reichhaltiger solche Systeme sind, desto stabiler sind sie. Eine solche ökologische Landwirtschaft gerät beispielsweise bei Extremwetter, Trockenheit oder Schädlingsbefall nicht so schnell aus dem Gleichgewicht wie eine Monokultur. Auf den Garten übertragen heißt das: Je artenreicher und abwechslungsreicher er ist, desto stabiler ist seine natürliche Balance.

Günstiges Kleinklima

Bei näherer Betrachtung der Kräuterspirale entdeckt man Elemente mit erstaunlich vielfältigen Funktionen: Die Trockenmauer schützt nicht nur vor Wind, sondern funktioniert auch als Wärmespeicher. Tagsüber heizt sie sich in der Sonne auf. Noch lange nach Sonnenuntergang geben die Mauersteine ihre Wärme an die Umgebung ab. Zugleich

Pollen für Bienen und Hummeln im Überfluss – eine Kräuterspirale mit Salbei, Lavendel & Co. bietet Lebensraum für Insekten und fördert die ökologische Vielfalt.

Steine wirken wie ein Kachelofen. Sie speichern Sonnenwärme und verbessern das Kleinklima. Dies macht sich die Permakultur zunutze.

Ein kleiner Teich am Fuß der Kräuterspirale versorgt Pflanzenwurzeln mit Wasser, verstärkt die Sonnenstrahlen und ist Heimat für Amphibien und Libellen.

sorgt das aus Schotter und Kies bestehende Innere der Spirale dafür, dass das Regenwasser schnell abfließt. So herrscht im oberen Bereich der Kräuterspirale ein trockenes, warmes Kleinklima, in dem mediterrane Kräuter bestens gedeihen.
Die Trockenmauer ist noch in anderer Hinsicht ein Gewinn. In ihr finden Insekten und andere Tiere Unterschlupf. Hummeln und Wildbienen siedeln sich an, Teichmolche finden ein Winterquartier. Und wenn der Garten nicht durch Straßen vom Umland abgeschnitten ist, wandern auch Eidechsen zu.

Der Teich: Sonnenreflektor und Wasserquelle

Am Fuß der Kräuterspirale, an der Südseite, liegt ein kleiner Teich. Er dient als Standort für Sumpf- und Wasserpflanzen, aber nicht nur das:
Die Wasseroberfläche reflektiert die einfallenden Sonnenstrahlen und wirft sie auf die Steine. Somit potenziert der Teich die Kraft der Sonne. Je größer er ist – ab 1 m Durchmesser –, desto effizienter ist diese Wirkung. Zusätzlich kann ein entsprechend großer Teich auch als Vorratstank für Gießwasser dienen. Durch den Kontakt zum angrenzenden Erdreich sorgt er außerdem für die Wasserversorgung der Humuszone. Denn das Erdreich saugt Feuchtigkeit an und transportiert sie bis an die Wurzeln von Minze und Schnittlauch.

Wenn es **Kräutern zu heiß wird**

Durch den Klimawandel beginnt die Wachstumsperiode heute etwa zwei Wochen früher im Jahr. Das mag für mediterrane Kräuter von Vorteil sein, bringt aber Probleme mit sich: Ein trockenes, heißes Frühjahr schadet selbst diesen Wärme liebenden Pflanzen, denn sie brauchen jetzt Kühle und Feuchtigkeit. Gießen Sie eine frisch bepflanzte Kräuterspirale deshalb in dieser Zeit regelmäßig.

Steine für die Kräuterspirale

Je nach Ihrem Geschmack und Budget können Sie eine Kräuterspirale aus verschiedenen Steinen errichten. Egal wofür Sie sich entscheiden: Die Steine sollten sich harmonisch in den Garten einfügen, denn sie bestimmen sein Erscheinungsbild wesentlich. Nehmen Sie sich deshalb Zeit für die Auswahl.

Wertvoller Naturstein

Natursteine machen sich im Garten immer gut – vorausgesetzt, es handelt sich um Gesteine, die zur umgebenden Landschaft passen. Sie eignen sich alle für die Kräuterspirale. Man unterteilt sie nach ihrer Entstehung in folgende drei Gruppen:

› Magmatische Gesteine entstehen, wenn Magma im Erdinneren oder – nach Vulkanausbrüchen – an der Erdoberfläche erstarrt. Beispiele sind Granit und Basalt. Sie sind hart, fest und wetterbeständig.

Steine im Garten ziehen die Blicke auf sich. Sie vermitteln Wert und Beständigkeit. Je nach Art kann man sie für unterschiedliche Zwecke nutzen.

› Metamorphe Gesteine entstehen durch die sogenannte Metamorphose aus älteren Gesteinen. Durch Hitze und Druck verändert sich ihre Mineralzusammensetzung und sie verwandeln sich in ein neues Gestein. So wird zum Beispiel aus Kalkstein Marmor, aus magmatischen Steinen Gneis. Auch diese Gesteine sind hart und witterungsbeständig.

› Sedimentgesteine bilden sich, wenn Gesteine verwittern und sich ihre Bestandteile ablagern. Beispiele sind Buntsandstein oder Kalkstein. Sie sind weicher als die anderen Gesteinsarten und können nach einigen Jahren erste Zeichen der Verwitterung zeigen. Dennoch sind gerade Kalksteine für Kräuterspiralen sehr zu empfehlen: Sie geben Kalk ab und sorgen somit für den mineralischen Boden, den mediterrane Kräuter brauchen.

› Kiesel oder Wacken sind durch Flüsse oder das Meer rund geschliffene Steine verschiedensten Ursprungs. Durch ihre unterschiedliche Färbung sind sie sehr attraktiv. Für den Bau einer Kräuterspirale eignen sich nur große, schwere Wacken. Da sie keine gerade Auflagefläche haben, füllt man die Zwischenräume und Fugen mit Sand und Splitt, sodass sie gut aufliegen.

Preiswerte Kunststeine

Eine preiswerte Alternative sind künstlich hergestellte Steine.

› Besonders günstig sind Betonsteine, die Natursteinen sehr ähnlich sehen können. Mit dem Waschbeton-Flair der 70er-Jahre haben sie nichts mehr gemein. Heute findet man im Baumarkt ein breites Angebot in verschiedenen Größen, Formen, Farben und mit unterschiedlichen Oberflächen.

› Klinker und Ziegel eignen sich nur für Kräuterspiralen, wenn die Mauer mit Mörtel errichtet wird.

Steine aus der Region

Zugunsten der Ökobilanz und um Geld zu sparen sollten Sie statt Importware besser Steine aus der Region wählen. Transportiert man die Steine selber, bleibt der Preis pro Tonne im zweistelligen Bereich. Man benötigt allerdings einen Anhänger oder LKW. Wählen Sie bevorzugt quaderförmige Steine mit möglichst gerader Auflagefläche aus.

Mein Tipp Wo Gebäude abgerissen werden, fallen Bruchsteine an. Solche Recyclingsteine sind preisgünstig und man findet oft Stücke mit schöner Patina. Alte Hohlziegel eignen sich jedoch nur als Füllmaterial für den Kern der Spirale.

1 GRANIT Granit ist ein äußerst hartes Gestein, das tief im Erdinnern entstanden ist. Typisch sind seine grobkörnige Struktur und die glitzernden Kristalle von Quarz und Feldspat. Granit ist widerstandsfähig und beständig und bleibt auch bei Frost absolut stabil. Man erhält Granit in Form von Blöcken, Mauer- und Pflastersteinen oder Platten in Hell- bis Dunkelgrau und Gelblich. Eine Kräuterspirale aus Granitsteinen überdauert Generationen.

2 KALKSTEINE Kalksteine sind Sedimentgesteine, die durch Ablagerungen entstanden sind. Man bezeichnet sie auch als »weiche« Steine, weil sie leicht zu bearbeiten sind. Je nach Herkunft sind sie jedoch nicht sehr witterungsbeständig. Trotzdem gibt es für eine Kräuterspirale mit mediterranen Pflanzen kein schöneres Gestein. Der warme Farbton von Gelb bis Ocker bringt die Spirale zum Leuchten und verleiht ihr heiteren, südlichen Charakter.

3 KIESEL Kiesel oder Wacken sind von der Natur geformte runde Steine, die in Flusstälern, Ebenen und am Meer vorkommen. Im Gartenbau verwendet man Kiesel gern in unterschiedlichen Farben für Pflaster, Teichumrandungen oder Beeteinfassungen mit Kiesel wirken natürlich. Auch für Trockenmauern oder Kräuterspiralen sind sie geeignet. Man nimmt dafür Exemplare, die groß genug sind, damit sie durch ihr Gewicht guten Halt finden.

Schritt für Schritt zur Kräuterspirale

Sie können die Kräuterspirale im Frühjahr, Sommer oder Herbst bauen. Wichtig ist, dass sich die Pflanzen vor dem Winter eingewöhnen. Der Standort sollte geschützt und sonnig sein. Eine Mauer oder Hecke auf der Windseite ist vorteilhaft. Die klassische Kräuterspirale ist von Süd nach Nord ausgerichtet. Der Teich liegt im Süden. Von dort windet sich die Trockenmauer Richtung Norden in die Höhe.

› Eine normale Spirale hat 1,5–2,5 m Durchmesser und ist 0,8–1 m hoch. Größere Spiralen sollten begehbar sein, damit man an die Pflanzen kommt. Planen Sie dafür Trittsteine ein.

› Um die Kräuter bequem ernten zu können, sollte man um die Spirale herumgehen können.

› Damit Sie die Ausmaße der Kräuterspirale abschätzen können, stecken Sie einen Stock in der vorgesehenen Endhöhe in die Mitte des Standorts und markieren mit fünf bis sechs Stöcken die Form.

› Der Teich sollte 0,5–0,8 m Durchmesser haben. Am einfachsten baut man einen großen Eimer oder Maurerbottich ein. Noch besser ist ein größerer Folienteich, weil er mehr Sonnenwärme speichern und an die Steine abgeben kann.

Mein Tipp Eine Kräuterspirale muss nicht immer aus allen vier Zonen bestehen. Wenn Sie nur Kräuter aus der Trocken- und der Normalzone pflanzen möchten, lassen Sie die Humus- und Wasserzone weg (→ Seite 20). Auch die Größe der einzelnen Zonen können Sie nach Wunsch festlegen.

Steine, Splitt, Schotter

Die hier gezeigte Spirale hat 1,8 m Durchmesser und ist 0,9 m hoch. Verbaut wurden 1,5 t Kalkbruch-

1 Mit einem Zirkel aus Stab, Schnur und Stock zeichnen Sie den Grundriss auf. Für das Fundament heben Sie die Humusschicht etwa 15–20 cm tief aus.

2 Füllen Sie groben Schotter, Splitt, Kies oder anderes Gesteinsmaterial als Dränage ein, damit das Wasser abfließen kann. Diese Schicht stampfen Sie mit einem Vorschlaghammer fest.

3 Für die unterste Reihe wählen Sie quaderförmige Steine. Wichtig: Die Mauer muss eine leichte Neigung – etwa 10° – nach innen haben.

4 Ziehen Sie keine freistehende Mauer hoch, sondern hinterfüllen Sie sie. Dazu füllen Sie den Kern der Spirale mit Abfallsteinen und Splitt auf.

5 Damit die Mauer stabil ist, sollten die Steine immer versetzt liegen. Große Fugen schließt man, indem man kleinere Steine mit dem Maurerhammer in die Zwischenräume klopft.

6 Fugenpflanzen setzt man schon beim Bau der Mauer ein. So wachsen sie besser an. Wichtig ist, dass die Wurzelballen Kontakt mit dem dahinter liegenden Erdreich haben.

steine. Für die Dränage und den Kern waren 0, 25 t grober Schotter und Steine nötig sowie 0,25 m^3 Splitt. Splitt ist gebrochenes Gesteinsmaterial bis 32 mm Korngröße. Statt Splitt eignen sich auch Kies, Sand oder Ziegelbruch. Außerdem kamen drei Schubkarren Gartenerde und eine halber Schubkarren verrotteter Kompost zum Einsatz.

Ein solides Fundament

Markieren Sie den Grundriss. Als Zirkel steckt man einen Stab in die Erde, befestigt daran eine Schnur in der Länge des Radius sowie ein Stöckchen, mit dem man einen Kreis in den Boden ritzt. Der Kreis sollte 10 cm größer als der Grundriss der Spirale sein. Nun heben Sie für das Fundament die Erde 15–20 cm tief aus (→ Abb. 1). Deponieren Sie den Aushub an der Seite, Sie können ihn später als Füllmaterial für die Spirale verwenden. Füllen Sie dann die Fläche mit grobem Schotter, Splitt oder Kies auf und verdichten Sie die Dränageschicht (→ Abb. 2).

Wichtig Errichten Sie die Kräuterspirale nie direkt auf Rasen oder Humuserde. Gefriert der Boden und taut später wieder auf, verliert er seine Tragfähigkeit und die Trockenmauer wird instabil. Ein Fundament aus Schotter, Kies oder anderen Steinen bleibt dagegen bei allen Temperaturen fest.

Stein auf Stein

Das Aufsetzen der Mauer geschieht in Trockenmauer-Technik, also ohne Mörtel. Diese alte handwerkliche Technik erfordert ein bisschen Geschick sowie Erfahrung.

› Die Mauersteine sollten eine möglichst gerade Auflagefläche haben, damit sie nicht kippeln, und gut neben- und übereinanderpassen. Jeder Stein hat ein »Gesicht«. Finden Sie durch Ausprobieren heraus, wo sein Platz ist.

› Berücksichtigen Sie beim Einpassen die natürliche Form des Steins. Kalkstein etwa besteht aus horizontalen Schichten. Also richtet man ihn so aus, dass die Schichten horizontal liegen. Das verhindert, dass Regenwasser in die Haarrisse dringt und den Stein bei Frost sprengt.

› Platzieren Sie die Steine der untersten Reihe so auf dem Fundament, dass sich die Mauer etwa um 10° nach innen neigt. Dieser »Anlauf« stabilisiert die Trockenmauer. Kontrollieren Sie die Neigung mit der Wasserwaage (→ Abb. 3). Auch die folgenden Reihen legen Sie mit leichter Neigung an.

› Eine Mauer setzt sich aus Läufern und Bindern zusammen. Läufer sind Steine, die man längsseits verlegt. Binder verlaufen quer, sie ragen in das dahinter liegende Erdreich und sorgen für Halt. Für die Spirale verwendet man überwiegend Binder.

› Hinterfüttern Sie die Mauer gleich beim Aufschichten mit dem Substrat der jeweiligen Zone (→ Seite 13). So liegen die Steine fest auf und die Mauer ist mit dem Erdreich verbunden. Eine Trockenmauer ist stabil, wenn sie sich an den Erdhügel »anlehnt«. Das Zentrum der Spirale befüllen Sie mit grobem Steinmaterial oder Splitt (→ Abb. 4).

› Wo Mauersteine aneinanderstoßen, entstehen Stoßfugen. Platzieren Sie die Steine in der darüber liegenden Reihe versetzt, um die Fugen zu überbrücken. So vermeidet man durchgehende Fugen, und die Mauer wird stabiler. In einer Natursteinmauer entstehen jedoch immer Zwischenräume. Diese füllen Sie mit kleineren Steinen. Einige Schläge mit einem Maurerhammer versenken sie in die Ritzen, wo sie sich verkeilen (→ Abb. 5). Störende Zacken und Spitzen entfernt man ebenfalls mit dem Maurerhammer. Tragen Sie dabei eine Schutzbrille!

› Die Pflanzen für die Fugen setzen Sie schon beim Bau so ein, dass die Wurzeln Kontakt mit dem Erdreich im Inneren der Spirale haben (→ Abb. 6).

› Oben in der Spirale ist die Windung ganz eng. Verwenden Sie hier nur Binder, am besten mit leicht dreieckiger Form. Nur schwere, weit nach innen reichende Steine machen die Mauerkrone stabil. Damit Sie genug Steine in der richtigen Größe haben, legen Sie zu Beginn die schönsten und schwersten Steine in abgestuften Größen zur Seite.

7 Ein Eimer oder Maurerbottich wird zur Wasserzone. Man gräbt ihn etwas unter Bodenniveau ein, sodass die Humuszone Wasser aufsaugen kann.

8 Schichten Sie die Steine Runde für Runde auf. Nach jeder Runde befüllen Sie die Zonen mit Substrat. Nun muss die Spirale ruhen, damit sich Erde und Steine setzen können.

9 Verteilen Sie die Töpfe und prüfen Sie das Arrangement. Wirkt die Bepflanzung harmonisch? Das schönste Kraut kommt auf die Mauerkrone.

Die Wasserzone

Für die Wasserzone eignet sich ein Folienteich oder – wie in diesem Beispiel – ein wasserdichtes Gefäß, etwa ein Maurerbottich oder Mörteleimer.

› Graben Sie eine ausreichend tiefe Grube und füllen Sie eine fingerbreite Schicht Kies ein. Passen Sie das Gefäß ein, sodass sein oberer Rand etwas unter dem Bodenniveau liegt und es sich leicht zur Humuszone neigt (→ Abb. 7). Läuft das Gefäß bei Regen voll, kann das Wasser in die Erde eindringen und für Feuchtigkeit sorgen. Zum Kaschieren des Rands verlegt man Steinplatten rings um das Gefäß.

Das passende Substrat

Die vier Zonen erhalten jeweils unterschiedliches Substrat (→ Abb. 8). In die Trockenzone kommt abgemagertes Substrat aus drei Teilen Splitt und einem Teil Gartenerde. Optimal ist Kalksplitt, aber Sie können auch anderen Splitt, Kies, Sand oder Ziegelbruch verwenden. Ist der Boden sehr lehmig, benötigen Sie mehr Splitt. Vermengen Sie alles gut mit einer Schaufel. Die Normalzone besteht aus durchlässigem Gartenboden. Bei Bedarf geben Sie ein bis zwei Schaufeln Sand und Splitt hinzu. Für die Humuszone vermischen Sie einen Teil Gartenerde mit einem Teil verrotteten Kompost.

Wenn Sie die Spirale im Herbst bauen, aber erst im Frühjahr bepflanzen, bringen Sie den Kompost kurz vor dem Bepflanzen aus. Den Teich oder Kübel der Wasserzone füllen Sie zu einem Drittel mit Sand oder Kies, dann lassen Sie bis zum Rand Wasser einlaufen. Legen Sie einige große Steine hinein, damit sich hineingefallene Tiere retten können.

Nun muss die Kräuterspirale ruhen. Die Erde senkt sich in den kommenden zwei bis drei Wochen um 10–15 % ab. Füllen Sie so viel Substrat nach, wie nötig. Erst dann geht es an das Bepflanzen.

Die Kräuterspirale muss sich erst einwachsen. Gießen Sie regelmäßig – auch mediterrane Kräuter brauchen am Anfang Wasser, um Fuß zu fassen.

Verteilen, pflanzen, wässern

Setzen Sie die Kräuter nicht zu eng, sondern verteilen Sie die Töpfe (7–9 cm Durchmesser) zunächst mit etwa 25 cm Abstand in der passenden Zone. Kriechende Arten wie Thymian oder Oregano kommen an den Rand und dürfen über die Kante wachsen. Geschickt verteilt finden auf den Etagen und in den Mauerfugen einer Spirale mit 1,5–2 m Durchmesser ca. 20 Pflanzen Platz.

Vor dem Setzen wässern Sie die Pflanzen. Tauchen Sie sie so lange in einen Eimer mit Wasser, bis keine Blasen mehr aufsteigen. Dann nehmen Sie sie aus dem Topf und schneiden die Wurzeln etwas an. Graben Sie das Pflanzloch und setzen Sie jede Pflanze so tief, wie sie im Topf stand (→ Abb. 9). Wenn Sie beim Graben auf Mauersteine stoßen, sondieren Sie mit einem Stab, wo Fugen sind und setzen die Pflanze darüber. Die Wurzeln suchen sich ihren Weg durch die Ritzen. Dann gießen Sie die Pflanzen mit einer Gießkanne ohne Aufsatz an.

Kräuter für die Trocken- und Normalzone

Die beiden oberen Zonen der Kräuterspirale sind den mediterranen Kräutern vorbehalten. Darunter versteht man vor allem immergrüne Halbsträucher wie Thymian, Lavendel, Salbei und Co., die seit Langem bei uns eingebürgert sind. Es sind ausdauernde Pflanzen, die mit der Zeit holzige Stämmchen bilden. Für diese Trockenheitskünstler gibt es keinen besseren Platz als die Trocken- und Normalzone: Zwischen Mauersteinen geschützt und in dem mit Splitt und Sand abgemagerten Boden entfalten sie sich voll und produzieren dank der intensiven Sonneneinstrahlung reichlich ätherische Öle.

Um prächtig zu gedeihen, braucht Rosmarin mediterranes Milieu: Eine sonnenbeschienene Steinmauer, einen geschützten Platz und Boden mit Kalkschotter.

Sonne, Steine, Duft

Das Element dieser Kräuter sind die Steine. Sie stammen aus den karstigen Gebirgsregionen rund ums Mittelmeer, wo sie heißen, trockenen Sommern und Wintern mit zehrenden Winden und Regengüssen ausgesetzt sind. Auf exponierten Lagen, im kargen Kalkboden schlagen sie Wurzeln. An dieses mineralische Milieu haben sie sich perfekt angepasst. Ihre Wurzeln können noch aus tiefer Erde Wasser saugen.

Mediterrane Kräuter haben raffinierte Mechanismen entwickelt, um sich gegen Austrocknung zu schützen. Manche besitzen weißgraue Blätter, deren filzige Behaarung das Sonnenlicht reflektiert, andere wie der Salbei haben Blätter mit kleinen Noppen, die den Wind abbremsen, wieder andere besitzen nadelförmige Blätter, die der sengenden Sonne kaum Angriffsfläche bieten. Viele mediterrane Kräuter schützen sich zusätzlich durch Harze und ätherische Öle. Diese überziehen Knospen, Stängel und Blätter und verringern die Verdunstung. Was den Pflanzen zum Überleben dient, verwöhnt unsere Nasen mit ätherischen Düften.

Natürlich und harmonisch

Eine mediterrane Bepflanzung der Kräuterspirale wirkt immer harmonisch. Man kann bei der Zusammenstellung kaum etwas falsch machen. Fast alle Arten passen zueinander, weil sie demselben

Muskatellersalbei verströmt ein harziges Aroma. Wenn in der Mittagssonne die ätherischen Öle verdampfen, ist der Duft am intensivsten.

Typisch für mediterrane Kräuter wie das Currykraut sind nadelförmige silbergraue Blätter. Sie reflektieren die Sonne und schützen vor Verdunstung.

natürlichen Lebensbereich entstammen. Setzt man ausschließlich mehrjährige Arten, entwickelt sich die Kräuterspirale im Lauf der Zeit zu einem ästhetischen Ensemble, das dank der immergrünen Pflanzen sogar im Winter attraktiv ist.
Um die Auswahl zu erleichtern, sind im Porträtteil (→ Seite 29) die entsprechenden Kräuter vorgestellt, geordnet nach den jeweiligen Zonen.

› Wählen Sie möglichst niedrige Arten und Sorten. Ideal sind Kräuter mit kissenförmigem Wuchs wie Lavendel, Zypressenkraut oder Zwergwermut sowie Teppich bildende Arten wie Sandthymian, Polsterthymian oder kriechendes Bergbohnenkraut. Von manchen höheren Arten sind niedrigere Varianten im Handel, etwa von Eberraute oder Salbei.
› Vermeiden Sie Sorten, die zu starkwüchsig sind und andere verdrängen. Wermut, Fenchel, Blauraute oder Beifuß sind ungeeignet.

Die Trockenzone Hierher passen alle Thymianarten, kriechendes Bergbohnenkraut und Oregano. Ganz oben auf die Mauerkrone gehört ein besonderes Schmuckstück, etwa ein Salbei. Wenn Sie Lavendel, der einen etwas humoseren Boden braucht, als »Krönung« bevorzugen, geben Sie zusätzlich etwas Gartenerde in das Pflanzloch.

Die Normalzone Auch hier gedeihen überwiegend mediterrane Halbsträucher. Schöne Effekte erzielen Sie, wenn Sie Arten mit verschiedenen Blütenfarben, Blattstrukturen und Blattfarben kombinieren. So passt etwa Ysop gut neben Zypressenkraut oder Artemisien. Rosmarin und Currykraut pflanzt man dicht an den sonnenbeschienenen Teil der Mauer, der nach Südwesten ausgerichtet ist.
Diese wärmebedürftigen Südländer sind nicht ganz so winterhart wie die meisten anderen Arten. Kräutergärtnereien bieten heute zahlreiche neue Arten und Sorten. Fragen Sie vor dem Kauf unbedingt, ob diese frosthart sind.

Mein Tipp Sicher gehen Sie, wenn Sie heimische Arten wie Dost, Gamander, Feldthymian oder mediterrane Arten und Sorten wählen, die sich schon viele Jahre in unseren Gärten bewährt haben.

Kräuter für die Humus- und Wasserzone

Die Humuszone beherbergt Pflanzen, die einen eher nährstoffreichen, lockeren Boden mögen. Meist handelt es sich um Küchenkräuter wie Schnittlauch, Estragon, Petersilie oder Basilikum, die in Bauern- oder Klostergärten seit Jahrhunderten kultiviert werden. Dort stehen sie traditionell neben Kohl, Salat oder Tomaten in Beeten, die man jedes Jahr mit Mist oder Kompost düngt.

Unterschiedliche Herkunft – unterschiedliche Pflege

Auch wenn diese »klassischen« Küchenkräuter ähnliche Bedingungen brauchen, unterscheiden sie sich in manchen Ansprüchen. Grund ist ihre Herkunft aus verschiedenen Klimazonen. Schnittlauch stammt aus asiatischen Bergregionen und verträgt Minusgrade, Basilikum aus Nordafrika muss frostfrei stehen. Südlichen Ursprungs sind Zitronengras, Ananassalbei, oder Stevia. Sie bewohnen die Kräuterspirale nur in der frostfreien Zeit.
Im Gegensatz zu den mediterranen Halbsträuchern handelt es sich bei diesen Kräutern nicht um eine einheitliche Gruppe, sondern um Pflanzen mit unterschiedlichen Lebensformen. Stauden wie Zitronenmelisse, ausdauernder Rucola oder Estragon sowie alle Lauchgewächse sind mehrjährig und treiben jedes Frühjahr neu aus. Ein- und zwei-

Schnittlauch ist ein Kraut der Humuszone. Er benötigt einen guten, nahrhaften Gartenboden.

Minze fühlt sich in Teichnähe wohl. Obwohl sie wuchert, darf sie auf der Kräuterspirale nicht fehlen.

jährige Kräuter wie Koriander, Basilikum, Perilla und Petersilie sterben dagegen nach einem bzw. zwei Jahren ab. Sie werden immer wieder neu ausgesät.

Säen, pflanzen, experimentieren

Beim Bepflanzen und Pflegen der Humuszone sollten Sie folgendes beachten:

› Pflanzen Sie zunächst die ausdauernden Kräuter. Die Einjährigen füllen die Lücken. Am besten sät man sie direkt an Ort und Stelle aus. Säen Sie Petersilie nicht neben Schnittlauch oder andere Zwiebelgewächse. Sie vertragen sich nicht. Römischer Ampfer, Minze und Melisse breiten sich gern aus, man kann sie aber leicht eindämmen. Minzen setzt man direkt ans Wasser.

› Mehrjährige Südländer wie Zitronengras, Zitronenverbene, Ananassalbei oder Stevia müssen vor dem Frost ins Haus. Dazu setzt man sie im Spätherbst in Töpfe um. Erst nach den Eisheiligen, Mitte Mai, dürfen sie wieder auf die Kräuterspirale. Damit die Erde an ihrem Standort nicht weggespült wird, decke ich sie den Winter über mit einer Schicht aus abgeschnittenen Blättern oder Zweigen und anderen Pflanzenabfällen ab.

› Verteilen Sie in der Humuszone jedes Frühjahr zwei bis drei Schaufeln reifen Kompost. Dann setzen Sie die Überwinterer wieder ein und bepflanzen eventuelle Lücken neu.

Kräuter der Wasserzone

Für die Wasserzone eignen sich Brunnenkresse, Bachbunge oder Wasserminze. Pflanzen Sie nicht mehr als drei Exemplare in den Bottich, denn sie breiten sich stark aus. Ist die Wasserzone ein Folienteich, können Sie eine Flachwasserzone anlegen. Die genannten Pflanzen fühlen sich dort in einem Gemisch aus Erde, Kies und Sand sehr wohl.

Ein üppiges Beet mit verschiedenen Kräutern braucht einen Boden, der mit Kompost und ab und zu mit etwas organischem Dünger versorgt wird.

Die perfekte **Kräutererde**

Allgemein gilt: Ein guter Boden besteht aus drei Komponenten: Sand, Lehm bzw. Ton sowie dem dunklen Humus, der organischen Ursprungs ist.

BODENTEST Ihren Gartenboden können Sie mit diesem Test prüfen: Zerreiben Sie etwas Erde zwischen zwei Fingern. Wenn sie knirscht, enthält sie Sand. Das ist gut für den Kräuteranbau, denn die meisten Kräuter brauchen durchlässigen Boden. Wenn die Erde fest zusammenklebt, handelt es sich um Lehmboden. Er ist für Kräuter nicht sehr günstig.

BODEN VERBESSERN Die beste Grundlage für Ihre Kräuter ist ein luftiger, mineralischer Boden. Je lehmiger Ihr Gartenboden ist, desto mehr Sand, Splitt oder Kies sollten Sie daruntermischen. In der Humuszone geben Sie noch etwas Kompost dazu (→ Seite 13).

Varianten der Kräuterspirale

Am schönsten wirkt eine Kräuterspirale, wenn sie sich in die Umgebung einfügt und zum Stil des Gartens passt. Wählen Sie deshalb das Material für die Spirale sorgfältig aus, es bestimmt das Erscheinungsbild entscheidend. Auch die Form darf variieren – ob klassische Spirale, Rondell, Senke oder Dreieck.

1 Verspielt

Verspielt und mediterran wirkt diese Kräuterspirale. Die verschiedenfarbigen Materialien, die ornamentale Gestaltung und die silberlaubigen Halbsträucher ziehen die Blicke auf sich. Die Spirale besteht aus Klinkersteinen, für das Wasserbecken wurden die Klinker mit Mörtel verlegt. Der Boden ringsherum ist ein Mosaik aus Kalkschotter und Klinker. Die Gitterelemente im Hintergrund betonen die Höhe und dienen als Rankhilfe für Kletterpflanzen.

2 Senkgarten mit Flechtzaun

In diesem Senkgarten gedeihen mediterrane Kräuter besonders gut. Vom Wind geschützt und von der Sonne beschienen wirkt so ein Garten wie eine Wärmefalle mit günstigem Kleinklima für Kräuter. Der Flechtzaun verstärkt diesen thermischen Effekt. Die Steinterrassen mit den Beeten sind um eine zentrale Kiesfläche angeordnet, sodass man vom Mittelpunkt aus fast alle Kräuter erreichen kann.

3 Spirale aus Holzpalisaden

Kräuterbeete mit Holzeinfassung sehen urig aus. Allerdings muss man sich damit abfinden, dass eine Kräuterschnecke aus Holzpalisaden im Gegensatz zu einer Steinspirale höchstens eine Lebensdauer von zehn Jahren hat. Damit das Holz nicht zu schnell verrottet, empfehle ich, zwischen Palisaden und Erde eine Folie einzubringen.

4 Begehbare Kräuterspirale

Auf dieser Spirale kann man spazieren, schnuppern und ernten. Die Steinterrassen mit den aromatischen Kräutern winden sich in weiten Bögen nach oben und bieten darauf sogar Platz für einen Weg aus Trittsteinen. Ein ideales Bauprojekt in einem öffentlichen oder gemeinschaftlich betriebenen Garten, sofern genügend Fläche vorhanden ist.

5 Kräuterecke

Platznot erfordert – so wie hier – eine clevere Lösung: Die Kräuterspirale – oder besser Kräuterecke schmiegt sich in die Ecke des Gartens und lehnt sich dicht an ein Holzgitter. Sie wurde aus Kalkbruchsteinen errichtet und ist nach Süden, zur Sonne hin ausgerichtet. Durch die Höherstaffelung gedeihen hier mehr Kräuter als auf einer zweidimensionalen Fläche mit demselben Grundriss.

6 Kräuterspirale aus Feldsteinen

Eine Spirale aus Feldsteinen oder Wacken vom Flussbett passt gut in einen Naturgarten. Damit die runden Steine stabil liegen, sollte sich die Trockenmauer immer leicht zur Mitte hin neigen. Man verlegt die Steine also nicht waagrecht, sondern leicht nach hinten gekippt. Eine Hinterfüllung aus Schotter oder Scherben gibt ihnen Halt. Mit den Jahren tragen auch die Pflanzen zur Stabilität bei: Ihre Wurzeln umklammern die Steine – die Kräuterspirale »wächst sich ein«.

1

2

3

4

5

6

Bunte Vielfalt: Kräuterspiralen nach Wunsch

Es gibt viele Möglichkeiten, eine Kräuterspirale zu bepflanzen. Ich habe mich zum Beispiel für eine Spirale nur mit mediterranen Stauden und Halbsträuchern entschieden. Sie besteht nur aus der Trocken- und der Normalzone. Genauso gut können Sie eine Heilpflanzen-, eine Duftpflanzen- oder eine Teekräuterspirale anlegen.

Eine »internationale« Kräuterspirale

Dieses Pflanzbeispiel soll Lust auf die internationale Küche machen. Es versammelt einige der gebräuchlichsten Küchen- und Teekräuter aus Südeuropa, Nordafrika und Asien.
Das Besondere an dieser Variante besteht in ihrem kulinarischen Nutzen. So enthält sie etwa Zatar oder Arabischen Majoran, der in Gewürzmischungen Vorderasiens oft verwendet wird. Unverzichtbar für arabischen Tee ist Nane-Minze. Klassiker aus der Thaiküche sind Thai-Basilikum (→ Abb. oben) und Koriander. Schnittknoblauch und Chinesischen Lauch zieht man in Asien wegen ihres Knoblaucharomas dem europäischen Schnittlauch vor.
Das Pflanzbeispiel besteht nur aus der Trockenzone und der Humuszone, die etwa zwei Drittel der Spirale einnimmt. Normal- und Wasserzone fehlen. In der Trockenzone wachsen Bergbohnenkraut, Griechischer Bergtee, Arabischer Majoran und Salbei. Alle anderen Kräuter kommen in die Humuszone. Dort füllt man vor der Pflanzung den Boden mit reifem Kompost auf. Außer Knoblauch, den man bereits im Vorjahr steckt, beginnt man mit der Bepflanzung Anfang April. Setzen Sie zuerst die Lauchgewächse, Wilde Rauke, die Minzen und Petersilie. Mitte Mai, wenn es keinen Frost mehr

Kräuter aus **drei Kontinenten**

Auf eine Kräuterspirale mit etwa 1,6 m Durchmesser passen diese kulinarischen Genüsse:

TROCKENZONE

1 Arabischer Majoran / Zatar (*Origanum syriacum*)
1 Echter Salbei (*Salvia officinalis*)
1 Berg- oder Winterbohnenkraut (*Satureja montana*)
1 Griechischer Bergtee (*Sideritis syriaca*)

HUMUSZONE

1 Chinesischer Lauch (*Allium ramosum*)
3–5 Knoblauch (*Allium sativum*)
1–2 Schnittknoblauch (*Allium tuberosum*)
1–3 Koriander (*Coriandrum sativum*)
1 Zitronengras (*Cymbopogon citratus*)
1 Wilde Rauke (*Diplotaxis tenuifolia*)
1 Nane-Minze (*Mentha spicata var. crispa*)
1–3 Genoveser Basilikum (*Ocimum basilicum*)
1–3 Thai-Basilikum (*Ocimum basilicum*)
1 Indisches Basilikum / Tulsi (*Ocimum sanctum*)
1 Perilla, bronze oder rot (*Perilla frutescens*)
1–2 Petersilie. glatte (*Petroselinum crispum var. neapolitanum*)

gibt, folgt das Zitronengras, und Sie säen Basilikum, Koriander und Perilla aus.
Da diese Pflanzung viele einjährige und frostempfindliche Arten enthält, muss man jedes Frühjahr einige Kräuter neu säen bzw. setzen.

Eine üppige Blütenspirale

Dieses Ensemble besteht aus Steingartenpflanzen und Kräutern, die sich zu einer Blütenspirale vereinen. Die meisten Pflanzen sind mehrjährig. Die Spirale besteht aus allen vier Zonen. Das Substrat in der Humuszone enthält in diesem Fall jedoch nur die halbe Menge Kompost als sonst üblich, da die Bepflanzung nicht so viele Nährstoffe benötigt.
Der Charme dieser Variante besteht in dem zauberhaften Flor vom Frühling bis zum Herbst. Wildtulpen (→ Abb. oben) und Zwergschwertlilien eröffnen im April den Blütenreigen. Im Mai folgen Polsterthymian, Polster-Seifenkraut, Sumpfvergissmeinnicht, Katzenminze und Steppensalbei. Im Juni leuchtet die Pfingstnelke in Magentarot, und der Lavendel zieht die Blicke auf sich. Ysop, Muskatellersalbei, Bergminze und Fetthenne blühen im Juni und Juli, gefolgt von Dost und Agastache. Faszinierend sind Dauerblüher wie Katzenminze, Steppensalbei, Agastachen und Bergminze mit ihren Blüten von Purpur über Violett und Zartrosa bis Weiß. Schneidet man sie nach der Blüte zurück, blühen sie ein zweites Mal bis in den Spätherbst. Die Blätter der Fetthenne färben sich im Herbst leuchtend rot.
Alternativen Auf diese Blütenspirale passen auch Steingartenpflanzen wie Karthäuser-Nelke, Wolfsmilch, Kugeldistel, Ehrenpreis und Sonnenröschen.
Mein Tipp Besonders schön wirken Blütenstauden mit silbergrauen Blattpflanzen wie Wollziest oder breitblättrigem Salbei. Kleinwüchsige Gräser geben der Pflanzung einen luftigen Charakter.

Duftender Blütenzauber

Auf eine Spirale mit 1,6 m Durchmesser passen:

TROCKENZONE
1 Bergminze (*Calamintha nepeta*)
1–3 Pfingstnelke (*Dianthus gratianopolitanus*)
1 Dost (*Origanum vulgare*)
1 Muskatellersalbei (*Salvia sclarea*)
1–3 Fetthenne (*Sedum floriferum* 'Weihenstephaner Gold')
1–3 Polsterthymian (*Thymus praecox*)

NORMALZONE
1 Ysop, blau-/ rosa blühend (*Hyssopus officinalis*)
3–5 Zwergschwertlilie (*Iris germanica, Barbata-Nana-Gruppe*)
1 Echter Lavendel (*Lavandula angustifolia*)
1–3 Polster-Seifenkraut (*Saponaria ocymoides*)
7–10 Wildtulpen (*Tulipa tarda oder T. turkestanica*)

HUMUSZONE
1 Agastache (Agastache rugosa)
1 Katzenminze (Nepeta racemosa)
1 Steppensalbei (Salvia nemorosa)

WASSERZONE
1 Sumpfdotterblume (Caltha palustris)
1 Sumpfvergissmeinnicht (Myosotis palustris)

Pflegetipps rund um die Kräuterspirale

Eine Kräuterspirale mit mehrjährigen Pflanzen braucht kaum Pflege. Ab und zu schneiden, Steine und Wasserfläche offen halten sowie das Lockern des Bodens sind die wichtigsten Maßnahmen.

Im Frühjahr

Salbei, Lavendel und Eberraute können jahrzehntealt werden. Dennoch kann ihnen bei uns starker Frost zu schaffen machen. Geben Sie aber nicht auf, wenn am Ende des Winters Ihr Salbei mitgenommen aussieht, und bedenken Sie, dass die meisten mediterranen Kräuter spät austreiben.

› Schneiden Sie Salbei im April zurück. Dabei sehen Sie, ob er an der Basis grüne Blattknospen gebildet hat. Kürzen Sie den Strauch bis oberhalb der aufgehenden Knospen. Schneiden Sie ihn aber nie ganz zurück, sondern lassen Sie immer einige alte Blätter stehen.

› Stauden wie Oregano, Bergminze, Melisse und andere kappt man kurz über dem Boden. Sie treiben aus der Wurzel neu aus.

› Schnittlauch, Ampfer, Wilde Rauke, Minze und andere Stauden der Humuszone können Sie jetzt teilen und verpflanzen, um sie zu verjüngen.

› Basilikum, Perilla und Koriander werden ab Mitte Mai, wenn keine Nachtfröste mehr zu erwarten sind, gesät oder gepflanzt. Auch die südländischen Kräuter, die im Haus überwintert haben, kommen nach den Eisheiligen an ihren Platz auf der Spirale. Gewöhnen Sie sie aber zunächst ans Freie und stellen Sie sie ca. 3 Tage an einen geschützten Platz.

› Versorgen Sie die Humuszone mit 2–3 Schaufeln reifem Kompost. Nährstoffliebenden Pflanzen wie Zitronengras, Stevia oder Ananassalbei geben Sie zudem etwas organischen Dünger.

1 Damit die Steinmauer von der Sonne beschienen wird, schneidet man sie ab und zu frei. Der Schnitt fördert zudem das Wachstum der Kräuter; sie werden verjüngt und verholzen weniger.

2 Kompostgaben verbessern den Boden. Das ist vor allem in der Humuszone wichtig. Wenn die Kräuter im Frühjahr neu austreiben, regt Kompost ihr Wachstum an.

Im Sommer

Im Frühjahr neu bepflanzte Spiralen brauchen bei frühsommerlichen Hitzeperioden unbedingt Pflege. Da die Erde in der Spirale kaum Wasser speichert, und die Pflänzchen ihre Wurzeln noch nicht weit genug ausstrecken, sollten Sie die Neupflanzung feucht halten. Ist die Spirale eingewachsen, übersteht sie ohne Weiteres längere Trockenphasen.

› Schneiden Sie verwelkte Blütenstängel von Lavendel, Heiligenkraut, Salbei, Bergbohnenkraut und Currykrau zurück. Der Sommerschnitt, der bis Ende Juli möglich ist, bringt diese Halbsträucher in die gewünschte Kissenform. Ein bodennaher Rückschnitt von Stauden wie Oregano oder Zitronenmelisse regt den zweiten Blatttrieb an oder – wie bei der Katzenminze – eine zweite Blüte.

› Kräuter lieben luftigen, durchlässigen Boden. Lockern Sie ihn mit der Hacke. Für eine Versorgung mit Mineralien mulchen Sie den Boden mit Kalksplitt oder arbeiten etwas Kalk ein. Gut ist Dolomitkalk, er enthält zusätzlich Magnesium.

› Entfernen Sie Unkraut, es macht sich vor allem in der Humuszone breit. Damit die Steine die Sonnenwärme speichern können, sollte man die Trockenmauer, zumindest an der Südseite, frei schneiden.

› Der Teich heizt sich im Sommer auf. Dadurch vermehren sich Wasserpflanzen und Grünalgen. Schneiden Sie die Pflanzen zurück und entfernen Sie die Algen. Lassen Sie das Schnittgut unbedingt eine Weile am Teichrand liegen, damit die eventuell darin versteckten Kleintiere ins Wasser zurückwandern können. In Hitzephasen sollten Sie regelmäßig Wasser nachfüllen.

Im Herbst

Ab September sollte man immergrüne mediterrane Kräuter nicht mehr gießen und düngen.
So können sie ihr Wachstum abschließen, ausreifen und abgehärtet in den Winter gehen.
Jetzt ist die Zeit, um von einjährigen Kräutern Saatgut zu gewinnen, vorausgesetzt, es sind samenechte Sorten. Koriander, Petersilie oder Wilde Rauke aus eigener Züchtung sind an den Garten angepasst und widerstandsfähig. Lassen Sie den Samen der schönsten Exemplare ausreifen und trocknen Sie ihn dann auf Zeitungspapier.

Im Winter

Wenn Kahlfröste drohen, decken Sie empfindliche, immergrüne Kräuter wie Rosmarin und Currykraut mit Gärtnervlies ab. Das Vlies schirmt eisige Winde und die gefährliche Wintersonne ab, die diese Pflanzen bei Frost austrocknet.
Die Wasserzone friert bei Minusgraden komplett durch. Eventuell darin lebende Teichmolche überwintern in Erdlöchern in der Trockenmauer.
Haben sich auf der Kräuterspirale oder am Teichrand Steine gelockert, ist die Zeit im Spätwinter ideal, um sie wieder einzupassen.

3 Eine neue Spirale sollte man vor allem bei heißem, trockenem Wetter regelmäßig gießen, bis die Pflänzchen angewachsen sind. So haben sie einen guten Start.

4 Hier können die Wurzeln aufatmen. Das Lockern der Krume während der Vegetationszeit bringt Luft in den Boden und verteilt die Nährstoffe. Das Ergebnis sind prächtig wachsende Kräuter.

5 Im Sommer schneidet man verwelkte Stängel zurück. Vor allem bei neu gepflanztem Lavendel ist dies wichtig – so gewinnt er Kraft und wächst kompakt.

Kleinbiotop Kräuterspirale

An warmen Sommertagen geht es in Kräutergärten lebhaft zu: Honigbienen bevölkern Lavendelkissen, Hummeln tanzen über den Blüten der Bergminze, Wildbienen umschwärmen den Salbei und Schmetterlinge flattern auf Dost und Thymian. Sie alle saugen Nektar, den diese Lippenblütler so reichlich zu bieten haben. Selbst mitten in der Stadt lässt sich dieses Spektakel beobachten.

Buntes Treiben

Von Kräuterspiralen geht eine noch größere Anziehungskraft aus, denn hier finden Insekten nicht nur Nahrung, sondern auch zahlreiche Erdlöcher, Ritzen und Hohlräume, in denen sie die Kinderstube für ihre Nachkommen einrichten können. Bereits früh im Jahr sind beispielsweise die Erdhummeln unterwegs. Um ihre Eier abzulegen, sucht die Hummelkönigin Hohlräume unter Steinen oder in ehemaligen Mäusegängen. Wildbienen fliegen geradezu auf Trockenmauern. Dort legen sie in den Ritzen ihre Eier ab und verschließen den Eingang mit Lehm. An den Blüten des Muskatellersalbeis kann man die blauschwarze Holzbiene beobachten. Dieser imposante, absolut harmlose Brummer taucht seinen 9 mm langen Rüssel in die Blütenkelche und bekommt im Gegenzug Blütenstaub auf seinen Rücken gestempelt, den er von Blüte zu Blüte trägt. Das warme Kleinklima der Steine ist auch für Schmetterlinge ideal. Bläuling, Pfauenauge, Kleiner Fuchs, Zitronenfalter, Weißling, Kleiner Feuerfalter und Distelfalter sind auf Kräuterspiralen keine Seltenheit.

Ein Schwalbenschwanz zu Gast auf der Spirale. Auf den Blüten von Lavendel, Oregano und Thymian lassen sich Schmetterlinge ganz nah beobachten.

Zauneidechsen und Teichmolche

Andere Tiere in den Garten zu locken ist nicht so einfach. Zauneidechsen zum Beispiel wandern nur zu, wenn der Garten nicht durch Straßen abgeschnitten ist. Das ist meist nur in ländlichen Gebieten oder am Stadtrand der Fall. Haben sie sich aber einmal im Garten angesiedelt, ist die Kräuterspirale ein willkommener Lebensraum. Ein Garten für Eidechsen sollte offene Bereiche mit Steinen sowie dicht bewachsene Ecken und Reisighaufen haben. Mit einer isolierten Kräuterspirale auf dem Rasen oder in einem asphaltierten Hof lockt man jedoch kaum Tiere an. Um Eidechsen, Erdkröten, Igeln und Blindschleichen einen Lebensraum zu bieten, braucht es einen Garten mit Wiese, Hecken, Wildstaudenbeeten, Teich, Trockenmauern, Totholzhaufen und Kompost. Es sind die vielfältigen Kleinstrukturen, die einen Naturgarten so wertvoll

Sonnenbad für Zauneidechsen: In einer Trockenmauer in Südlage mit warmen Steinen, dunklen Ritzen und Höhlen finden Eidechsen ideale Lebensbedingungen. Liegt die Kräuterspirale in einem naturnahen Garten und stimmt das Umfeld, wandern auch andere Kleintiere wie Erdkröten, Blindschleichen oder Teichmolche zu.

machen. Die Kräuterspirale ist ein weiterer wertvoller Baustein in diesem Mosaik.

Auch Teichmolche finden in einer Kräuterspirale einen idealen Lebensraum, denn sie brauchen sowohl Wasser als auch Erde. Die etwa 11 cm langen Lurche mit den dunklen Tupfen und dem orangefarbenen Bauch siedeln sich sogar in Tümpeln an. Den Frühling und Sommer verbringen sie im Wasser, wo sie ablaichen, den Herbst an Land, und für den Winter suchen sie sich ein geschütztes Quartier in einem Erdloch oder in einer Steinmauer.

Die Top-**Schmetterlingspflanzen**

Eine Kräuterspirale ist ein wahrer Schmetterlingsmagnet. Eine der größten Nektartankstellen ist der heimische Dost. 60 verschiedene Schmetterlingsarten saugen aus seinen Blüten Nektar. Feldthymian bietet Futter für 24 Arten, gefolgt von Gamander, Fetthenne, Minze und Beifuß. Futterpflanzen für die Raupen sind Thymian, Dill, Fenchel, Ampfer und Brennnessel.

Kräuterküche und Parfümerie

Das Aroma frischer Minzeblätter, der Duft von Lavendelblüten, Zitronenverbene oder Ananassalbei wirken entspannend und belebend, fördern die Gesundheit oder tun einfach der Seele gut. Kräuter machen Lust, sie in allen Varianten auszuprobieren, angefangen von einem Butterbrot mit Schnittlauch über ein raffiniertes mehrgängiges Menü bis hin zu Duftölen, Seifen oder Badeessenzen.

1 Leckere Kräuterlimonade

Das Grundrezept für Kräuterlimonade ist einfach: Man nimmt den Saft einer Bio-Zitrone oder -Limette, 1–2 Esslöffel Rohrzucker, alternativ Holunderblütensirup oder Steviablätter, drei bis fünf Stängel aromatische Kräuter. Schneiden Sie eine weitere Zitrone in Scheiben, geben Sie alles in einen Krug und füllen Sie es mit 1 Liter Mineralwasser auf. Gut 1 Stunde im Kühlschrank ziehen lassen – fertig ist das erfrischende Sommergetränk. Fein schmeckt die Limonade mit Zitronenmelisse, Minze, Orangenthymian, Ananassalbei oder Zitronenverbene. Ein paar Ingwerscheiben geben ihr eine aparte Note.

2 Herzhafter Kräuterquark

Quark mit Schnittlauch, Dill, Petersilie und Schalotten schmeckt köstlich, ob zu Pellkartoffeln oder auf einer Scheibe Brot. Probieren Sie ihn auch mit Liebstöckel, Borretsch- oder Kapuzinerkresseblüten.

3 Unwiderstehliches Pesto

Für Pesto Genovese schneidet man Basilikumblätter mit einem Wiegemesser ganz fein, fügt etwas Salz dazu und vermischt die Kräuter mit nativem Olivenöl. Pinienkerne in einer Pfanne rösten, mörsern und dazugeben. Ein bis zwei gequetschte Knoblauchzehen und geriebenen Parmesan unterrühren. Wollen Sie das Pesto konservieren, geben Sie es in ein ausgekochtes Schraubglas und füllen es mit Olivenöl auf, sodass die Blätter bedeckt sind. Im Kühlschrank einige Monate haltbar.

4 Duftende Rosmarinkartoffeln

Rosmarin und Kartoffeln ergänzen sich hervorragend. Ob als Ofenkartoffeln oder Bratkartoffeln zusammen mit Olivenöl – wenn der Duft in die Nase steigt, kann man kaum widerstehen.

5 Kräuter ernten

In den Sommermonaten gibt es Kräuter in Hülle und Fülle. An sonnigen Tagen sind ihre Aromen in den späten Vormittagsstunden am intensivsten. Das ist die beste Zeit, um Kräuter zu schneiden, zu trocknen und zu konservieren. Verarbeiten Sie die Kräuter schnell und schonend, damit ihre Inhaltsstoffe erhalten bleiben. Zum Trocknen breitet man sie auf Küchenkrepp an einem schattigen, luftigen Ort aus oder hängt sie zu Sträußen gebunden auf.

6 Verführerische Lavendelseife

Für Lavendelseife benötigen Sie ein Stück Kernseife oder eine einfache Olivenölseife. Raspeln Sie die Seife klein und fügen Sie 2–3 Esslöffel Lavendelblütentee, ein paar getrocknete Blüten sowie einige Tropfen ätherisches Öl hinzu. Die Masse kräftig durchkneten, bis sie geschmeidig ist, in kleine Förmchen drücken und ein bis zwei Tage aushärten lassen. Alternativ können Sie auch getrocknete Rosenblütenblätter und Rosengeranienöl nehmen.

1

2

3
PESTO
PESTO

4

5

6

KRÄUTER-PORTRÄTS

Ob Dost, Olivenkraut oder Lavendel – welche Kräuter passen in die Spirale und in welche Zone? Neben den Grundbedürfnissen entscheidet bei der Wahl natürlich auch der persönliche Geschmack.

Von Orangenminze bis Thai-Basilikum

Anders als noch vor 20 Jahren gibt es heute ein riesiges Kräutersortiment. Doch wie soll man unter den unzähligen Minzen, Salbei-Sorten und Basilikum-Arten das richtige Kraut finden?
Welche Ansprüche haben die einzelnen Kräuter, welches Kraut überlebt garantiert den Winter und wofür kann ich es nutzen?
Auf den folgenden Seiten stelle ich einige Arten und Sorten vor, die gut auf die Kräuterspirale passen und wenig Pflege benötigen. Die Kräuter sind gemäß ihren Ansprüchen nach den vier Zonen der Kräuterspirale geordnet. Kann eine Pflanze ebenso in der Nachbarzone stehen, ist dies vermerkt.
Mithilfe der Symbole erkennen Sie auf einen Blick Winterhärte und Lebensdauer der Arten.
Vielleicht möchten Sie Ihre Spirale nach ästhetischen Gesichtspunkten gestalten? Dann helfen Ihnen die Angaben zu Wuchsform, Farbe der Blüten und zum Blütezeitpunkt. Außerdem erfahren Sie, welche Blüten Insekten besonders gut anlocken.

Lust auf Kräuter

Kräuter machen Lust auf mehr. Mit ätherischen Ölen, Vitaminen und anderen heilsamen Stoffen verwöhnen sie Nase und Gaumen und stärken den Organismus. Man kann sie vielfältig nutzen: für würzige Speisen, feine Desserts, als erfrischende Sommerdrinks, heilsame Tees, als Aromatherapie oder duftende Pflege. Unter »Verwendung« finden Sie dazu Tipps. Pflanzt man eine Art nur wegen ihrer Blüten, fehlt diese Rubrik. Wenn Sie Lust haben, mehr Arten und Sorten auszuprobieren, sollten Sie in den Katalogen der Kräutergärtnereien stöbern. Auf Seite 62 finden Sie die Adressen von Qualitätsbetrieben.

Thymus spec.

Thymian

WUCHS Halbstrauch, polster- oder teppichbildend, 10–30 cm hoch | **BLÜTE** zart lila, purpur, violett, weiß; Juni–Juli

Thymian ist eines der ältesten Heilkräuter. Aufgrund seiner antiseptischen und desinfizierenden Eigenschaften nutzten ihn bereits die Ägypter.
Mönche brachten ihn im Mittelalter über die Alpen nach Norden, wo er in den Klostergärten als Arzneipflanze kultiviert wurde. Heute hat sich Thymian in unseren Gärten fest etabliert. Auf den Markt kommen immer neue Spielarten und Varianten. Die duftenden Polsterthymiane oder Teppich bildende Arten und Sorten sind eine Entdeckung wert!

Anbau und Pflege Thymian gedeiht in magerem, kalkigem, durchlässigem Boden, etwa in Schotterbeeten und Mauerfugen. Er will frei stehen und reagiert empfindlich auf Feuchtigkeit, zum Beispiel wenn eng stehende Nachbarn mit ihren Blättern Feuchtigkeit verbreiten. Eine Mulchschicht aus Kalksplitt sorgt für eine trockene Umgebung. Nur an einem heißen, trockenen Ort produziert Thymian ätherische Öle und andere heilsame Stoffe. Damit er nicht vergreist, sollte man ihn nach der Blüte etwas zurückschneiden.

Arten und Sorten Der bekannteste Thymian ist der Gartenthymian (*Thymus vulgaris*, → Abb.), eine Kulturform des wilden Thymians. Was die ätherischen Öle angeht, kann er mit dem mediterranen Original nicht mithalten – dennoch ist sein Geschmack unbestritten gut. Eine empfehlenswerte Züchtung ist der Zitronenthymian (*Thymus x citriodorus*). Seine Blätter duften herrlich frisch. Besonders attraktiv sind die Sorten 'Silver Queen'

Sonne | Halbschatten | einjährig | zweijährig | mehrjährig

DUFTPOLSTER Auf warmen, sandigen Standorten bildet Sandthymian purpurne Blütenteppiche. Diese sehen gut aus und sind auch trittfest.

FRUCHTIG Zitronenthymian bietet attraktive Blattvarianten. Das Beste ist sein Zitronenaroma, ob im Tee oder als Feinschmeckergewürz.

mit weiß-grün panaschierten und ‘Golden King’ mit gelb-grünen Blättern. Buntlaubige Thymiane sind weniger frosthart, man sollte sie im Winter abdecken. Der Kaskadenthymian (*Thymus longicaulis*) wächst gut auf Mauerkronen und in Fugen. Er bildet lange, überhängende Triebe mit feinem Aroma. Kümmelthymian (*Thymus herba-barona*) bildet extrem flache, trittfeste Matten. Seine winzigen Blätter schmecken nach Kümmel. Der Frühblühende Thymian (*Thymus praecox*) wächst niedriger und blüht purpurrot. Zwei heimische Thymian-Arten sind Feldthymian (*Thymus pulegioides*), auch Quendel genannt, und Sandthymian (*Thymus serpyllum*) mit vielen attraktiven Sorten. ‘Alba’ blüht weiß, ‘Coccineum’ magentafarben, und ‘Lemon Curd’ duftet nach Zitronen. Sandthymian wird 5–10 cm hoch und verbreitet sich durch Ausläufer.

Verwendung Thymian ist ein Gewürz für herzhafte Speisen. In der mediterranen Küche gart man damit Lammkeule, Wild, Bohnengerichte und Kartoffeln. Auch in deftigen Eintöpfen wie Pot au Feu oder Ratatouille rundet Thymian den Geschmack ab. Aus Frankreich kommt das Bouquet garni, ein Gewürzsträußchen, das aus einem Thymianstängel, einem Lorbeerblatt und Petersilie besteht. Es zieht während der gesamten Garzeit mit und gibt beispielsweise gekochtem Rindfleisch einen feinen Gout. Die Trockenkräutermischung Herbes de Provence besteht aus getrocknetem Thymian, Majoran, Rosmarin, Bohnenkraut und Lavendelblüten. Zitronenthymian gibt Eis, Obstsalat, Roter Grütze oder Quark eine herrlich frische Note. Ernten können Sie Thymian das ganze Jahr über, aber am besten schmeckt das blühende Kraut im Sommer. Das ist auch die beste Zeit, um Thymian zu trocknen, denn dann besitzt er die meisten Inhaltsstoffe. In den Wintermonaten hilft ein Tee aus Thymian bei einer heraufziehenden Erkältung, bei Husten und Verschleimung. Bei Halsweh ist konzentrierter Salbei-Thymian-Tee zum Gurgeln ein probates Mittel.

Satureja montana

Bergbohnenkraut

WUCHS Halbstrauch, buschig, 40–50 cm hoch | **BLÜTE** weiß; Juli–Aug.

Das Bergbohnenkraut stammt aus mediterranen Gebirgsregionen und kann in unseren Gärten Jahrzehnte überdauern. Im Unterschied zum einjährigen Bohnenkraut wächst es zu einem kleinen, robusten Halbstrauch heran. Durch seine lange Blütezeit ist es ein Paradies für Honigbienen. Da es sehr schnittverträglich ist, eignet sich Bergbohnenkraut auch gut für Kräuterhecken.

Anbau und Pflege Durchlässiger, kalkiger Boden und viel Sonne sind optimal. Außer einem Rückschnitt vor dem Austrieb und nach der Blüte benötigt es keine Pflege. Die Pflanze übersteht den Winter gut, solange sich keine Staunässe bildet.

Arten und Sorten Kriechendes Bergbohnenkraut (*Satureja spicigera*, → Abb. links) bildet ein dichtes, etwa 15 cm hohes Polster. Die schönen weißen Blüten im September machen es zu einem Favoriten für die Kräuterspirale. Auch als Bodendecker, Duftrasen oder auf Steinmauern ist es zu empfehlen. In rauen Lagen braucht es Winterschutz.

Verwendung Bohnenkrautblätter schmecken pfeffrig und kräftig. Wie der Name andeutet, passt das Kraut zu Bohnengerichten, aber auch zu deftigen Fleischgerichten und Eintöpfen. Die Blätter verhärten sich im Lauf des Sommers. Deshalb kocht man sie am besten samt Stängel und nimmt alles am Ende der Garzeit wieder heraus. Probieren Sie die zarten Blätter im Frühjahr. Klein schneiden und in Tomatensoße oder auf Pizza geben – köstlich!

Origanum spec.

Oregano und Majoran

WUCHS polsterbildend oder kompakt-buschig, 40–50 cm hoch | **BLÜTE** weiß, purpur; Juli–Aug.

Dank seines feurigen Aromas eroberte Oregano als Pizzagewürz die Welt. Umgeben von sonnengewärmten Steinen produziert das mediterrane Kraut reichlich ätherische Öle. Oregano kann man aus dem Griechischen mit »Zierde der Berge« übersetzen. Er gibt der Kräuterspirale ein wildes, mediterranes Flair. Die vielen Insekten, die auf Oregano nur so fliegen, unterstreichen diesen Aspekt.

Anbau und Pflege Die meisten Oregano-Arten sind bei uns winterfest, wenn sie trocken stehen. Eine Abdeckung im ersten Jahr der Pflanzung ist jedoch sinnvoll. Im Frühling schneidet man die Staude bodennah zurück, sonst ist keine Pflege nötig. Ein Rückschnitt nach der Blüte fördert einen zweiten Austrieb. Ab und zu gibt man etwas Kalk.

Arten und Sorten Oregano und Majoran und ihre vielen Arten und Sorten sind nicht leicht zu unterscheiden. Geschmacklich gibt es aber Abstufungen. Möchten Sie das Original-Pizzagewürz im Garten kultivieren, empfehle ich Griechischen Oregano (*Origanum vulgare* ssp. *hirtum* oder *Origanum heracleoticum*, → Abb.). Auch der Sizilianische Oregano (*Origanum* x *majoricum*) schmeckt pfeffrig-aromatisch. Zwergoregano (*Origanum vulgare* 'Compactum') wächst zierlich und bildet schöne, kleine Büsche. Der Echte Majoran (*Origanum majorana*) hat ein eher mild-würziges Aroma. Als Wurstkraut würzt er Pfälzer Leberwurst und Thüringer Bratwurst.
Er ist nicht frostfest und wird bei uns als einjähriges Kraut jedes Frühjahr aus Samen gezogen. Bei uns heimisch ist der Wilde Majoran oder Dost (*Origanum vulgare*). Er schmeckt nicht so aromatisch wie sein mediterraner Verwandter. Doch seine purpurnen Blüten ziehen Schmetterlinge magisch an.

Verwendung Frische Oreganoblätter schmecken pfeffrig, fast beißend. Erst getrocknet entwickeln sie ihr kräftiges, fruchtiges Aroma. Ernten Sie Oregano also erst, wenn er blüht und lassen Sie ihn kurz anwelken. Im Sommer trocknet man Blätter und Blüten und füllt sie als Wintervorrat in Schraubgläser. Oregano ist das Kraut der Wahl in der mediterranen Küche. In Tomatensoßen, Eintöpfen oder Fleischgerichten entfaltet er sein Aroma am besten. Ebenso passt er zu Gemüsepfannen. In Griechenland würzt man damit Hackfleischbällchen. In der arabischen Küche ist Arabischer Majoran (*Origanum syriacum*), Zatar genannt, Bestandteil von Gewürzmischungen, etwa für Fladenbrot.

Salvia officinalis

Echter Salbei

WUCHS Halbstrauch, buschig, 50–60 cm hoch | **BLÜTE** blaulila; Juni–Juli

In meinem Garten wurzelt Salbei schon über drei Jahrzehnte. Strenge Winter setzen den Halbsträuchern manchmal arg zu, aber nach einem Rückschnitt im Frühjahr treiben sie wieder frisch aus.

Anbau und Pflege Salbei gedeiht in magerem und humosem Boden. Er passt sowohl in die Trocken- als auch in die Normal- und Humuszone. Geben Sie ihm ab und zu etwas Kalk. Damit er nicht vergreist, ist im Frühjahr ein Rückschnitt nötig.

Arten und Sorten Eine Spielart des Echten Salbeis ist die Sorte 'Berggarten'. Sie besticht durch hübsche, breite Blätter. 'Purpurascens' hat rotviolette Blätter, 'Aurea' gelbrandige, 'Tricolor' weißrandige Blätter und rosa Austrieb. Leider sind die bunten Sorten nicht so frosthart. Besonders attraktiv ist der zweijährige Muskatellersalbei (*Salvia sclarea*, → Abb. rechts). Er duftet intensiv holzig und zitronig. Dank seiner Harze und ätherischen Öle eignet er sich zum Räuchern.

Verwendung Salbei würzt Gnocchi mit Gorgonzolasoße, Saltimbocca oder weiße Bohnen. Auch zu Bratkartoffeln oder Käsespätzle passt er. Man brät die Salbeiblätter kurz in Butter oder Olivenöl an. So schmecken sie kross und nussig. Salbeitee wirkt antibakteriell und hilft bei Erkältungen oder Magen-Darmproblemen. Sind Mund- und Rachenraum entzündet, gurgelt man mit konzentriertem Salbeitee. Zur schnellen Mundhygiene massieren Sie einfach mit einem frischen Salbeiblatt das Zahnfleisch.

Sonne · Halbschatten · einjährig · zweijährig · mehrjährig

Calamintha nepeta

Bergminze (Steinquendel)

WUCHS buschig, bis 40 cm hoch | **BLÜTE** weiß, zartlila, rosa; Juni–Nov.

Ein Meer kleiner Blüten und starker Minzeduft sind die Markenzeichen der Bergminze. Die prächtige Bienenweide passt sehr gut auf die Kräuterspirale. Botanisch gesehen ist sie keine Minze, deshalb wuchert sie nicht wie diese. **Anbau und Pflege** Bergminze wächst in durchlässigem, trockenem Boden. Im Frühjahr schneidet man die verwelkten Triebe ab. Ein Rückschnitt nach der Blüte fördert eine zweite Blüte bis weit in den November. **Arten und Sorten** Die Großblütige Bergminze (*Calamintha grandiflora*) hat rosa Blüten. Sie braucht eher feuchten, humosen Boden. **Verwendung** Getrocknete Blütenstängel bindet man mit Lavendel und Eberraute zu Trockensträußen. Der lang anhaltende Duft hält Insekten fern. Auch für Wäschesäckchen oder Potpourris geeignet.

Teucrium chamaedrys

Echter Gamander

WUCHS Halbstrauch, buschig, 30 cm hoch | **BLÜTE** rotviolett, rosa; Juli–Aug.

Echter Gamander wächst in den Gebirgsregionen Mitteleuropas. Der immergrüne, niedrige Halbstrauch hat gezahnte dunkelgrüne, leicht glänzende Blätter und schöne rosa Lippenblüten. Er ist eine beliebte Nektarpflanze für Mauerbienen, Schwebfliegen und Hummeln. Daher passt er ausgezeichnet auf eine Kräuterspirale. **Anbau und Pflege** Pflanzen Sie Gamander in nährstoffarmen, durchlässigen Boden und geben Sie ihm ab und zu etwas Kalk. Er übersteht lange Trockenphasen ohne Weiteres, denn seine Wurzeln dringen tief in das Erdreich vor. Weil er sich durch Ausläufer verbreitet, kann man ihn gut durch Ableger vermehren. Welke Triebe schneiden Sie im Frühjahr vor dem Austrieb zurück – Gamander ist sehr schnittverträglich.

winterhart · bedingt winterhart · nicht winterhart

Sideritis syriaca

Griechischer Bergtee

WUCHS buschig-verzweigt, 30–40 cm hoch | **BLÜTE** gelbgrün; Juni–Juli

Dieses mediterrane Kraut mit den silbergrauen, behaarten Blättern und den gelbgrünen Blütenähren nennt man in Griechenland Malotira. **Anbau und Pflege** Setzen Sie Bergtee in Einzelstellung in mageren Kalkboden zwischen die Steine. Steht er trocken, überlebt er unseren Winter. Alle paar Jahre sät oder pflanzt man ihn neu. **Verwendung** Griechischer Bergtee schmeckt würzig, fein nach Zimt und etwas bitter. Er wirkt antibakteriell und entzündungshemmend und wird bei beginnender Erkältung, Husten und rauem Hals getrunken. Nehmen Sie pro Tasse 1–2 Teelöffel Kraut und lassen Sie es 10 Minuten köcheln. Nach dem Absieben trinken Sie den Tee am besten mit Honig. Als Vorrat schneidet man die voll aufgeblühten Stängel und trocknet sie auf Küchenkrepp.

Dianthus gratianopolitanus

Pfingstnelke

WUCHS Polster bildend, 10–15 cm hoch | **BLÜTE** rot, rosa, pink oder lila; Mai–Juni

Die Pfingstnelke fühlt sich auf sonnigen Mauern wohl und ist eine Zierde für jede Kräuterspirale. Im Frühsommer verströmen die Blüten ihren Duft, den Rest des Jahrs schmücken die blaugrünen Polster die Mauersteine. **Anbau und Pflege** Pfingstnelken eignen sich als Fugenpflanzen. Sie brauchen nur wenig Wurzelraum, aber Kontakt mit dem Erdreich. Setzen Sie sie gleich beim Mauern zwischen die Steine: Man klopft den Wurzelballen flach, steckt ihn in die Fuge, füllt Erde in den Spalt und schlämmt die Wurzel gut an. **Arten und Sorten** Pfingstnelken bestechen durch rote oder lila Blütenteppiche. Die Federnelke (*Dianthus plumarius*) wird etwas höher und duftet intensiv. Die heimische Karthäuser-Nelke (*Dianthus carthusianorum*) passt ebenso gut auf die Kräuterspirale.

Sonne | Halbschatten | einjährig | zweijährig | mehrjährig

Sedum spec.

Fetthenne

WUCHS bildet Matten, 10–20 cm hoch | **BLÜTE** weiß, rosa, rot, gelb; Mai–Sept.

Fetthennen speichern in ihren dicken Blättern Wasser, deshalb kommen sie mit trockenem Boden gut zurecht. **Anbau und Pflege** Man kann *Sedum*-Arten leicht durch Ableger vermehren. Dafür schneidet man die Blätter ab und drückt sie in durchlässige Erde. Am besten pflanzt man sie gleich beim Bau der Kräuterspirale in die Fugen. **Arten und Sorten** Diese Arten sind schön gefärbt und wuchern nicht zu sehr: Das Fettblatt (*Sedum floriferum* 'Weihenstephaner Gold', → Abb.) bildet goldgelbe Blütenteppiche. Goldtripmadam (*Sedum rupestre* 'Angelina') hat gelbe dickfleischige Sprosse, die sich im Herbst orangerot färben. Die Blüten der Hohen Fetthenne (*Sedum telephium* 'Herbstfreude') sind ein Eldorado für Schmetterlinge.

Sempervivum tectorum

Hauswurz

WUCHS Blattrosette 5 cm hoch, Blütenstiel 20 cm hoch | **BLÜTE** weiß-rosa; August–Sept.

Hauswurz gehört zu den Dickblattgewächsen und ist bei uns heimisch. Früher pflanzte man sie als Blitzschutz auf das Dach. Heute sind zahlreiche Sorten in unterschiedlichen Blattfarben erhältlich. Mit ihrem ornamentalen Wuchs und den schönen gelbgrünen oder roten Rosetten sind sie auf Steinmauern eine Zierde. **Anbau und Pflege** Die Vermehrung ist wirklich ein Kinderspiel: Die Hauswurz bildet viele kleine Tochterrosetten. Man schneidet sie ab und drückt sie einfach in sandige, kiesige Erde. Die Hauswurz wächst auf extrem wenig Boden und übersteht Trockenheit ohne Probleme. Setzen Sie die Pflanze in die Fugen der Kräuterspirale, auf die Mauerkrone oder in die Vertiefung eines Steins. Am besten fixiert man die Pflänzchen mit Lehmbrei.

winterhart bedingt winterhart nicht winterhart

Artemisia abrotanum

Eberraute

WUCHS buschiger Halbstrauch, 40–80 cm hoch | **BLÜTE** gelblich, klein; Juli–Sept.

Eberraute stammt aus Südosteuropa und Kleinasien. Das Kraut gelangte vor Jahrhunderten in unsere Kloster- und Bauerngärten. Typisch sind das silbergraue, filigrane Laub und das intensive, schwer zu beschreibende Aroma. Es reicht von streng-herb bis süß-moschusartig mit einer Spur Kampfer oder einem Tick Zitrone – ein Erlebnis für die Nase!

Anbau und Pflege Die Eberraute ist anspruchslos. Auf der Kräuterspirale gedeiht sie in der Trocken- und Normalzone. Mit einem Rückschnitt im Frühjahr und nach der Blüte hält man sie in Form.

Arten und Sorten Eberraute gehört zur Gruppe der Artemisien. Es gibt interessante Varianten, etwa die Zitroneneberraute (*Artemisia abrotanum* 'Citrina'). Der Colastrauch (*Artemisia procera*) riecht tatsächlich nach Coca-Cola. Provence-Wermut (*Artemisia gallica*) wächst kompakt und duftet fein. Zwergwermut (*Artemisia schmidtiana* 'Nana', → Abb. links) bildet niedrige Polster und gedeiht auf der Krone und in den Fugen der Kräuterspirale.

Verwendung Artemisien enthalten viele ätherische Öle, Gerb- und Bitterstoffe. Eberraute vertreibt Insekten. Getrocknet duftet sie noch intensiver und macht in Trockensträußen zusammen mit Lavendel Motten das Leben schwer. Mit Provence-Wermut und Melisse, Minze, Fenchel oder Rosmarin setzt man einen Kräuterlikör auf. Verwenden Sie Artemisien wegen ihrer konzentrierten Inhaltsstoffe nur sparsam. Dauergebrauch kann schädlich sein.

Lavandula angustifolia

Echter Lavendel

WUCHS buschiger Halbstrauch, 40–80 cm hoch | **BLÜTE** blauviolett, rosa oder weiß; Juni–Juli

Lavendelduft wirkt entspannend. Die ätherischen Öle, die so reichlich in den Blüten vorhanden sind, wurden schon in der Antike verwendet, um Gesundheit und Wohlbefinden zu fördern. Echter Lavendel ist ein sehr robustes Kraut. Er wächst in der Provence bis in 1000 Meter Höhe. Deshalb übersteht er, wenn er einmal eingewurzelt ist, auch unsere Winter gut und wird Jahrzehnte alt.

Anbau und Pflege Pflanzen Sie Lavendel auf der Kräuterspirale dorthin, wo er als Blickfang wirkt. Das kann auf der Spitze sein, denn er kommt auch in der Trockenzone zurecht. Lavendel verträgt keine Staunässe. Eine Kalkgabe ab und zu tut gut, und eine Mulchschicht aus Kalksplitt oder Kies regt die Bildung der intensiv duftenden Blüten an. Schneiden Sie Lavendel im Frühjahr vor dem Austrieb bis kurz über dem untersten Trieb zurück. Der zweite Schnitt erfolgt nach der Blüte im Juli. Nach meiner Erfahrung sollte man im ersten Jahr der Pflanzung Lavendel zwei- bis dreimal zurückschneiden und nicht blühen lassen, damit er sich kräftig verzweigt. Im Folgejahr blüht er dann umso üppiger.

Arten und Sorten Der Echte Lavendel (*Lavandula angustifolia*, → Abb.) ist die robusteste Art. Die Sorte 'Hidcote Blue' hat schöne dunkelblaue Blüten, 'Hidcote Pink' blüht rosa. Lavandin (*Lavandula* x *intermedia*) ist eine Kreuzung aus *Lavandula angustifolia* und Speik (*Lavandula latifolia*). Sie enthält die meisten ätherischen Öle von allen Arten. Alle Seifen und Duftstoffe sowie 80 % des Lavendelöls werden aus Lavandin hergestellt. Er blüht erst im Juli, wenn der Echte Lavendel bereits verblüht ist. In rauen Lagen braucht er einen Winterschutz.

Verwendung Lavendel-Aromen wirken entspannend, stärkend und ausgleichend. Bei Unruhe und Schlaflosigkeit hilft ein Lavendelbad oder ein Säckchen mit getrockneten Blüten neben dem Kopfkissen. Auch in Teemischungen mit Melisse sind die Blüten zu empfehlen. Duftsäckchen im Wäscheschrank verbreiten einen angenehmen Duft, der Motten abschreckt. Probieren Sie Lavendel auch für mediterrane Speisen wie Ratatouille – Lavendelblüten sind übrigens Bestandteil der Herbes de Provence. Blüten und junge, zarte Blätter passen hervorragend in Grillmarinaden aus Olivenöl. Nach dem Grillen kann man trockene Lavendelstiele auf die Glut streuen, sie fachen das Grillfeuer an und betören mit ihrem Duft.

Santolina rosmarinifolia

Olivenkraut

WUCHS buschiger Halbstrauch, 40–50 cm hoch | **BLÜTE** hellgelb; Juli–Aug.

Olivenkraut, auch Grünes Zypressenkraut genannt, ist ein enger Verwandter des Heiligenkrauts. Er unterscheidet sich von ihm durch die sattgrünen Blätter, die fein nach Oliven duften. Im Aussehen erinnern sie an die Nadeln des Rosmarins. Die hellgelben Blütenknöpfe im Hochsommer bilden einen schönen Kontrast zum Laub. **Anbau und Pflege** Olivenkraut braucht warme, durchlässige, kalkhaltige Böden. Es bildet oft lange, niederliegende Triebe. Schneiden Sie die Pflanze im Frühling auf etwa ein Drittel zurück. **Verwendung** Der olivenartige Geschmack prädestiniert das Kraut für herzhafte, mediterrane Gerichte, etwa zum Marinieren von Fleisch. Verwenden Sie die Blätter sparsam. Wegen ihrer Harze eignet sich die Pflanze auch zum Räuchern.

Santolina chamaecyparissus

Heiligenkraut

WUCHS buschig-kompakter Halbstrauch, 40 cm hoch | **BLÜTE** gelb; Juli–Aug.

Heiligen- oder Zypressenkraut ist ein typischer, mediterraner Halbstrauch. Es wächst kompakt und hat hübsche silbergraue, filigrane Blätter. Die Pflanze duftet stark nach Kampfer und hilft Insekten abzuwehren. **Anbau und Pflege** Zypressenkraut wächst in warmen, durchlässigen und kalkhaltigen Böden. Um es in Form zu halten, schneidet man es im Frühjahr zurück. Im Sommer entfernt man die verblühten Triebe. In kalten Gegenden ist Winterschutz ratsam. **Verwendung** Zypressenkraut sieht in Trockensträußen sehr attraktiv aus. Ein Duftsäckchen im Kleiderschrank vertreibt Motten. Zur Insektenabwehr stellt man einen Topf mit Zypressenkraut auf den Balkon oder ans Fenster. Man kann das Kraut auch in Potpourris oder zum Räuchern verwenden.

Sonne | Halbschatten | einjährig | zweijährig | mehrjährig

Saponaria ocymoides

Polster-Seifenkraut

WUCHS polsterbildend, 15–20 cm hoch | **BLÜTE** purpurrosa; Mai–Juli

Polster-Seifenkraut glänzt mit purpurrosa Wolken aus kleinen, zierlichen Blüten, die sich wochenlang halten. Dadurch setzt es bereits im Frühling einen Glanzpunkt auf der Kräuterspirale. So zierlich die Staude ist, so robust und wüchsig ist sie als Bodendecker und breitet sich gern aus. **Anbau und Pflege** Polster-Seifenkraut ist anspruchslos und vollkommen winterhart. Es wurzelt in warmen Schotter- und Kiesböden, in Steinfugen und auf Mauerkronen. Am besten pflanzen Sie es bereits beim Bau der Kräuterspirale zwischen die Mauersteine. Durch seinen überhängenden Wuchs kommt es dort am besten zur Geltung. Breitet es sich zu sehr aus, hält man es mit der Schere in Schach. Schneiden Sie verblühte Blütenstängel ab, bevor sich der Samen ausstreut.

Hyssopus officinalis

Ysop

WUCHS Halbstrauch, 50–60 cm hoch | **BLÜTE** tiefblau, violett, weiß, rosa; Juli–Aug.

Ysop stammt aus Südeuropa und Vorderasien. Mit den Klostergründungen im Mittelalter wurde das Kraut bei uns eingebürgert. Ysop fasziniert mit tiefblau-violetten Blüten, die Hummeln und Honigbienen anlocken. **Anbau und Pflege** Ysop benötigt lockeren, kalkhaltigen Boden. Er will warm und trocken stehen. Decken Sie ihn im Winter nach der Pflanzung mit Vlies ab. Ein Rückschnitt im Frühjahr und nach der Blüte stärkt die Pflanze. **Arten und Sorten** Im Handel gibt es Sorten mit rosa, hellblauen oder weißen Blüten. **Verwendung** Ein Tee aus den bitteren Blättern hilft bei Magen-Darmbeschwerden und bei Husten. Verwenden Sie zarte Blätter auch als Würze für Eintöpfe und Fleischgerichte, Suppen und Salate. Sie machen fette Speisen besser verdaulich.

winterhart · bedingt winterhart · nicht winterhart

Rosmarinus officinalis

Rosmarin

WUCHS buschiger Halbstrauch, 60–100 cm hoch | **BLÜTE** blauviolett, rosa, weiß; Febr.–Mai

Rosmarinblätter duften intensiv. Zerreibt man ein paar Nadeln und hält die Nase daran, ist es, als ob eine frische Brise den Kopf durchpustet. Ein wenig Pinie, Eukalyptus und eine Spur Kampfer schwingen mit. Rosmarin ist vielseitig zu verwenden, als Gewürz wie auch als Duft- und Heilkraut.
Ihn auf Dauer im Garten anzusiedeln, ist aber nicht ganz einfach, es sei denn, der Garten liegt in einer Gegend mit mildem Weinbauklima.

Anbau und Pflege Rosmarin mag durchlässigen, kalkhaltigen Gartenboden. Setzen Sie ihn an einen windgeschützten Platz auf der Kräuterspirale, wenn möglich an die von der Sonne beschienene Südwestseite. Dort hat er die Steine als »Kachelofen« im Rücken. Wenn Sie ihn im Haus überwintern, graben Sie ihn im November aus, topfen ihn in sandige Erde und stellen ihn hell bei etwa 5°C. Schneiden Sie nur die Spitzen, bei Frostschäden kürzen Sie die Triebe bis zu einem Drittel ein. Im Frühling gibt man etwas organischen Dünger.

Arten und Sorten Heute bietet der Handel recht robuste Sorten. 'Arp' hält bis -20 °C aus, 'Weihenstephan' oder 'Veitshöchheim' -10 bis -15 °C. Ein älterer, eingewachsener Rosmarin hat die größten Chancen, den Winter draußen zu überstehen.

Verwendung Eine Tasse Rosmarintee am Morgen stimuliert den Kreislauf und stärkt den Organismus. Legt man drei Zweige Rosmarin in eine Flasche Weißwein ein und lässt sie fünf Tage ziehen, erhält man Rosmarinwein. Täglich ein Gläschen als Aperitif stärkt Herz und Verdauung. Rinder-, Lamm- und Schweinebraten, Tomatengerichte, Gemüseeintöpfe, Hackfleischbällchen oder Ratatouille bekommen durch Rosmarin eine würzige, kräftige Note. Er passt auch hervorragend zu Ofenkartoffeln.

Rosmarin **draußen überwintern**

Ein strenger Winter macht Rosmarin zu schaffen. Vor allem Kahlfröste mit Sonne und Wind sind gefährlich. Schützen Sie Ihren Rosmarin, indem Sie ihn rechtzeitig mit einem Vlies umwickeln. Eine weitere vorbeugende Maßnahme: Ab September nicht mehr gießen, düngen und schneiden. So härtet er aus und lagert Eiweiß und Zucker als »Frostschutzmittel« in seine Blätter ein.

Helichrysum italicum

Currystrauch

WUCHS buschiger Halbstrauch, 50–60 cm hoch | **BLÜTE** gelb; Juni–Juli

Der Currystrauch ist einer der schönsten mediterranen Halbsträucher. Seine silbrigen, fast weißen Nadeln verströmen ein Aroma, das an indische Currys erinnert. Sogar bei regnerischem Wetter duftet er. **Anbau und Pflege** Pflanzen Sie ihn an eine warme, geschützte Stelle auf der windabgewandten Seite der Spirale. Nach der Neupflanzung und in rauen Lagen braucht er Winterschutz. Damit er nicht verholzt, schneiden Sie ihn im Frühjahr vor dem Austrieb stark zurück. **Verwendung** Die Blätter und Blüten passen in frische Sträuße mit Rosen, in Trockensträuße mit Lavendel und Salbei oder in Adventsdekos mit Tanne und Efeu. Beim Kochen verwendet man Currykraut eher sparsam. Man gart in Reis und Gemüse einen Zweig kurz mit und nimmt ihn wieder heraus.

Hypericum perforatum

Johanniskraut

WUCHS buschig-verzweigt, 30–50 cm hoch | **BLÜTE** gelb; Juni–Sept.

Johanniskraut gilt als Antidepressivum. Zerreibt man die Blüten zwischen den Fingern, tritt ein roter Saft aus, der den Wirkstoff Hypericin enthält. **Anbau und Pflege** Außer einem Rückschnitt im Frühjahr ist keine Pflege nötig. **Verwendung** Ein Tee aus frischem oder getrocknetem Kraut hilft bei nervöser Unruhe und Schlafstörungen. Für Johanniskraut-Öl setzt man Triebspitzen und Blüten in einem Glas mit nativem Olivenöl auf und stellt es drei Wochen in die Sonne. Täglich schütteln, dann abfiltern und in einem dunklen Fläschchen aufbewahren. Johanniskraut-Öl fördert die Wundheilung und mildert Sonnenbrand. Nimmt man Johanniskraut – ob als Tee oder Öl – lange ein, sollte man intensive Sonne meiden, weil es zu phototoxischen Hautreaktionen führen kann.

Allium spec.

Lauchgewächse

WUCHS schmale Blätter oder Röhren aus Zwiebeln, bilden Horste, 30–80 cm hoch | **BLÜTE** violett, weiß; Mai–Juli / Aug.–Sept.

Schnittlauch, Schnittknoblauch, Zwiebeln und Knoblauch haben eines gemeinsam: Sie gehören zur Familie der Lauchgewächse. Sie sind reich an Vitaminen, Mineralien und Schwefelverbindungen, schmecken scharf und sind ausgesprochen gesund. Ihr regelmäßiger Verzehr beugt Arteriosklerose, Herz- und Kreislauferkrankungen vor. Die hier beschriebenen Arten stammen aus den Gebirgsregionen Europas und Asiens und sind an raues Klima gewöhnt. Schon im zeitigen Frühjahr treiben ihre Röhren aus. Deshalb sind sie auch im Selbstversorger-Garten beliebt. Kultiviert man sie im Winter unter Vlies oder in einem Folientunnel, kann man bereits ab Februar ernten. Wer bisher nur Schnittlauch im Topf kannte, wird von den vielen Sorten und Varianten überrascht sein.

Anbau und Pflege Lauchgewächse mögen humosen, nährstoffreichen Gartenboden, aber keine Staunässe. Sie gedeihen auch noch im Halbschatten. Wo sie sich wohlfühlen, vermehren sie sich durch Brutzwiebeln und bilden bald dichte Bestände. Alle zwei bis drei Jahre sollte man sie durch Wurzelteilung verjüngen. Am besten gräbt man den Wurzelballen aus, zieht ihn mit den Händen vorsichtig auseinander und pflanzt die Teilstücke in frische Erde. Die meisten Lauchgewächse halten Winterruhe. Das Laub stirbt ab, und die Pflanzen speichern Nährstoffe in den Zwiebeln. Will man auch im Winter ernten, kann man sie überlisten: Man gräbt einen Wurzelballen aus, lässt ihn eine

STOCKWERK Brutzwiebeln statt Blüten bildet die Etagenzwiebel. Sie wächst seit Jahrhunderten in unseren Bauerngärten. Alles von ihr ist essbar.

FRÜHE VITAMINE Die Winterheckenzwiebel treibt schon im zeitigen Frühjahr aus. Ihre Röhren liefern nach dem Winter begehrte Vitamine.

Nacht durchfrieren, pflanzt ihn in einen Blumentopf und stellt ihn auf eine warme Fensterbank. Der Kälteschock und die Wärme danach geben der Pflanze das Signal auszutreiben.

Arten und Sorten Schnittlauch *(Allium schoenoprasum)* darf in keinem Kräutergarten fehlen. Im Frühjahr kann man die Röhren mehrmals schneiden, bis später die harten Stängel mit den purpurvioletten Blütenkugeln austreiben. Die Winterheckenzwiebel *(Allium fistulosum)* ist bei uns noch viel zu wenig bekannt. Von ihr erntet man nicht die Zwiebeln, sondern die grünen Röhren. Die großen weißen Blütenkugeln duften nach Honig und liefern Nektar für Hummeln und Honigbienen.

Die Etagenzwiebel oder Luftzwiebel (*Allium* x *proliferum*) ist eine alte Bauerngartenpflanze, die aus Sibirien stammt. Statt Blüten wachsen an den Triebspitzen kleine Brutzwiebeln, die ihrerseits austreiben. So entstehen mehrere Etagen mit Zwiebelchen. Schnittknoblauch (*Allium tuberosum*, → Abb. Seite 44) oder der etwas kräftigere Chinesische Lauch *(Allium ramosum)* besitzen statt Röhren flache Blätter. Sie schmecken fein nach Knoblauch, aber hinterlassen nicht die typische Duft-Fahne. Ihre Blüte besteht aus weißen Sternchen, eine Zierde im Spätsommer, wenn sonst nur wenig blüht.

Verwendung Von Lauchgewächsen können Sie alles verwenden: Röhren, Blätter, Zwiebeln, Blüten und Brutzwiebeln. Schnittlauch, Zwiebelröhren und -blätter geben Speisen einen Hauch von Frische und Schärfe. Man streut sie klein geschnitten nach Ende der Garzeit über die Speisen. Sie passen gut zu Kartoffeln, Quark, Schafskäse, Suppen, Joghurtsoßen, Salat, Rührei oder Fisch. Bei Spargel ist Schnittlauch das Tüpfelchen auf dem i. Schnittlauchblüten schmecken würzig im Salat. Mit Brutzwiebeln und Blüten aromatisiert man Essig. Schnittknoblauch und die Blütenstängel des Chinesischen Lauchs geben asiatischen Suppen, Nudeln oder Wok-Gemüse den richtigen Geschmack.

Mentha spec.

Minzen

WUCHS dicht buschig, 30–60 cm hoch | **BLÜTE** hellllila; Juni–Aug.

Von den Minzen gibt es unzählige Spielarten. Die Ursache dafür: Sie kreuzen sich leicht untereinander und so entstehen immer neue Varianten mit unterschiedlichen Duftnuancen. Als erste Orientierung teilt man sie grob in mentholhaltige und fruchtigwürzige Minzen ein. Ob es aber Schoko-, Orange-, Apfel-, Thai-, Marokkanische oder Englische Minze sein soll – da lassen Sie sich am besten von Ihrer Nase leiten.

Anbau und Pflege Minzen brauchen Feuchtigkeit und Nährstoffe. Pflanzen Sie sie in lehmigen Gartenboden und geben Sie eine Schaufel Kompost dazu. Minzen gedeihen auch gut im Halbschatten. Im Frühjahr schneiden Sie die vertrockneten Stängel bis zum Erdboden ab. Zum Ernten schneidet man die Stängel ebenfalls ganz unten ab, dann treiben sie neu aus. Minzen breiten sich mithilfe ihrer langen, unterirdischen Wurzelsprosse aus. Oft wird geraten, eine Rhizomsperre einzugraben, um sie in Schach zu halten. Besser ist es jedoch, ihnen mit der Schere Einhalt zu gebieten und ihnen alle zwei bis drei Jahre einen neuen Platz in frischer Erde zu geben. Dazu gräbt man die Wurzelausläufer aus, schneidet sie ab und verpflanzt die Teile.

Arten und Sorten Thüringer Minze(*Mentha* x *piperita* 'Multimentha') ist eine typische Mentholminze. Sie ist eine Nachfolgerin der traditionellen englischen Minze 'Mitcham', aber nicht so krankheitsanfällig wie diese. In puncto Gesundheit sind auch die BLBP-Minzen (Fachhandel) zu empfehlen. Es sind Züchtungen der Bayerischen Landesanstalt für

REICH AN AROMA Marokkanische Minze ist eine der beliebtesten. Ihr fein-würziges Aroma passt gut in Tees und Mittelmeer-Gerichte.

KÜHLEND Thüringer Minze ist eine Mentholminze und hat kühlende Wirkung. Sie eignet sich als Sirup und Erkältungs- oder Verdauungstee.

Bodenkultur und Pflanzenbau. Sie haben kräftige dunkelgrüne Blätter und sind reich an Menthol. Feinwürzig und sehr aromatisch sind die Marokkanische Minze (*Mentha spicata* var. *crispa* 'Marokko') sowie die Türkische oder Nane-Minze (*Mentha spicata* var. *crispa* 'Nane'). Man verwendet sie im südlichen und östlichen Mittelmeer als Tee- und Küchenkraut. Von den fruchtigen Minzen kann ich die Orangenminze (*Mentha* x *piperita* var. *citrata* 'Bergamotte', → Abb. Seite 46) sehr empfehlen. Sie duftet vorzüglich nach Bergamotte und Zitronen. Darüber hinaus gibt es noch viele Varianten zu entdecken. Beispiele sind Ananasminze, Erdbeerminze oder Apfelminze.

Verwendung Minzen schmecken erfrischend und kühlend. Man verwendet sie traditionell in orientalischen Sommergerichten, etwa in Joghurtsoßen, zu Hammelfleisch, in Gemüse oder zu Süßspeisen. Ein arabischer Salat – Tabouleh– wird aus gegartem Weizenschrot, Tomaten und Minzeblättern zubereitet. In Marokko braut man das Nationalgetränk aus Grüntee, marokkanischer Minze und Zucker. Probieren Sie Minze, sparsam dosiert, auch zu Gurkensalat. Man gibt die klein geschnittenen Blätter zusammen mit Basilikum und anderen Kräutern in die Vinaigrette. Auch zu Süßspeisen passt der erfrischende Geschmack von Minze. Als Dessert harmonieren Schokolade und Minze hervorragend. Quark, Joghurt, Erdbeeren, Obstsalat oder Sorbet bekommen mit einem Hauch Minze eine frische und interessante Note. Für Früchtebowlen und Tee ist Orangenminze zu empfehlen. In der Mischung mit Schwarztee schmeckt sie wie Earl Grey.

Nicht zuletzt ist Minze auch ein bewährtes Heilkraut. Sie wirkt schmerzlindernd und hilft bei Magenbeschwerden. Bei Kopfweh mit einem Blatt mentholhaltiger Minze die Schläfen zu massieren, kann Linderung verschaffen. Bei Verdauungsproblemen und Übelkeit hilft ein Tee aus frischen oder getrockneten Minzeblättern.

Ocimum basilicum

Basilikum

WUCHS buschig, verzweigt, 40 cm hoch | **BLÜTE** weiß; Juli

Das feurige Aroma des Basilikums würzt nicht nur mediterrane Speisen, sondern löst auch Wohlgefühle aus. Nach wissenschaftlichen Quellen hellt sein ätherisches Öl – Linalool – die Stimmung auf.

Anbau und Pflege Basilikum braucht Temperaturen über 20 °C. Säen Sie es ab April an der Fensterbank aus, aber decken Sie es nicht ab, es ist ein Lichtkeimer. Ab Mitte Mai setzen Sie es mit viel Kompost und etwas organischem Dünger in kleinen Gruppen in die Spirale. Zum Ernten knipst man die Triebspitzen ab, damit sich die Pflanze verzweigt.

Arten und Sorten Genoveser Basilikum (*Ocimum basilicum*, → Abb. links) ist die bekannteste Art. Kugelrund wächst das kleinblättrige Buschbasilikum *(Ocimum basilicum minimum)*. Asiatische Varianten schmecken eher nach Anis und Kampfer, etwa das Thai-Basilikum (*Ocimum basilicum* 'Siam Queen') oder das Indische Basilikum (*Ocimum tenuiflorum*, → Abb. rechts). Letzteres kam mit der ayurvedischen Medizin aus Indien nach Europa und ist in Bioläden als Tee erhältlich.

Verwendung Basilikum passt zu Tomatensoße, Pizza, Ratatouille, Mozzarella und Gemüse-Antipasti. In Pesto ist sein unvergleichlicher Geschmack besonders intensiv. Thai-Basilikum verwendet man in asiatischem Wok-Gemüse sowie in Suppen. Basilikum-Tee (1–2 TL frische Blätter pro Tasse) belebt den Organismus und macht den Kopf klar. Ein Tee mit Tulsi stärkt die Nerven.

Sonne Halbschatten einjährig zweijährig mehrjährig

Melissa officinalis

Zitronenmelisse

WUCHS buschig, aufrecht, 40–80 cm hoch | **BLÜTE** weiß; Juli

Zitronenmelisse stammt aus dem vorderen Orient. Das vitale und genügsame Kraut ist völlig winterhart und breitet sich im Garten aus. Hummeln und Bienen besuchen gern seine Blüten.

Anbau und Pflege Zitronenmelisse gedeiht in der Normal- und Humuszone. Durch Wurzelteilung lässt sie sich leicht vermehren. Sie benötigt als Pflege nur einen Rückschnitt im Frühjahr und Sommer.

Arten und Sorten Zitronenmelisse (*Melissa officinalis*, → Abb. rechts) ist die bekannteste Art. Gold-Zitronenmelisse (*Melissa officinalis* 'Aurea') hat leuchtend goldgelbe Blätter. Kreta-Melisse (*Melissa officinalis* var. *altissimia*, → Abb. links) stammt von den Bergregionen Kretas. Ihre fein behaarten Blätter duften leicht zitronig und schmecken wunderbar in Teemischungen mit Minze und Zitronenverbene.

Verwendung Zitronenmelisse wirkt beruhigend, schlaffördernd, entkrampfend und stärkt den Organismus. Ein Tee aus frischen Blättern schmeckt mild zitronig. Da Melisse sehr gut verträglich ist, eignet sie sich als Beimischung in täglich getrunkenen Haustees. Für ein entspannendes Bad braut man einen besonders konzentrierten Tee und gießt ihn durch ein Sieb in die Wanne. Melisse gibt den Speisen einen frischen, zitronigen Geschmack. Fein geschnittene, frische Blätter aromatisieren Salat, Fisch und Kräuterquark ebenso wie Erdbeeren, Eis und Süßspeisen. Zum Trocknen schneidet man die Stängel vor der Blüte und hängt sie im Schatten auf.

Artemisia dracunculus

Estragon

WUCHS buschig, bildet Wurzelausläufer, 40–80 cm hoch | **BLÜTE** hellgelb; Juli

Estragon ist ein Gourmet-Kraut: Er schmeckt ein bisschen süß, bitter, würzig und nach Anis. **Anbau und Pflege** Estragon braucht nahrhaften, feuchten Boden, einen sonnigen Platz und etwas organischen Dünger. **Arten und Sorten** Russischer Estragon (*Artemisia dracunculus*, → Abb.) ist robust und starkwüchsig, hat aber wenig ätherische Öle. Französischer Estragon (*A. d.* var. *sativa*) ist am aromatischsten, braucht aber Winterschutz. Deutscher Estragon (*A. d.* var. *sativa* 'Thüringischer') ist robuster als französischer und aromatischer als russischer. **Verwendung** Estragon passt zu hellen Soßen, Salaten und Kräutersuppen. Er verfeinert Hähnchen und Fisch. Für Estragonessig gibt man drei Zweige Estragon in eine Flasche Weißweinessig und lässt ihn ziehen.

Diplotaxis tenuifolia (syn. *Rucola sylvatica*)

Wilde Rauke

WUCHS locker, verzweigt, 20–40 cm hoch | **BLÜTE** gelb; Juli–Sept.

Die ausdauernde Wilde Rauke ist mit dem einjährigen Rucola verwandt. Sie ist jedoch kleinwüchsiger und passt daher besser auf die Kräuterspirale. Die stark gefiederten Blätter schmecken deutlich schärfer. **Anbau und Pflege** Säen Sie Rauke im April direkt aufs Beet in sandig-lehmigen Boden. Bei Bedarf etwas Dünger geben. Wilde Rauke ist sehr frosthart. Wenn Sie das Kraut mit Folie abdecken, können Sie auch im Winter ernten. Schneiden Sie Rauke möglichst regelmäßig. So verzögern Sie die Blüte und es treiben neue, zarte Blätter. **Verwendung** Rauke enthält Senföle. Daher ist sie sehr gesund. Die jungen, zarten Blätter sind am besten. Sie schmecken leicht scharf und pfeffrig und passen hervorragend zu Salat, Antipasti, Pizza und Pasta.

Sonne | Halbschatten | einjährig | zweijährig | mehrjährig

Petroselinum crispum

Petersilie

WUCHS buschig, 30–50 cm hoch | **BLÜTE** gelb; Juni

Mit diesem klassischen Küchenkraut wird nicht nur rund ums Mittelmeer gekocht. **Anbau und Pflege** Petersilie sät man von Juni bis August direkt ins Beet. Sie keimt langsam. Im ersten Jahr treibt sie Blätter, im Folgejahr blüht sie und stirbt ab. Petersilie liebt nährstoffreichen, feuchten, sandigen Lehm, verträgt aber keine Staunässe. Säen Sie Petersilie nie mehrmals an dieselbe Stelle. **Arten und Sorten** Krause Petersilie *(Petroselinum crispum)* ist bekannt. Die italienische oder glatte Petersilie (*P. crispum var. neapolitanum*,→ Abb.) wird größer und schmeckt kräftiger. **Verwendung** Petersilie passt zu Gemüseeintöpfen, Suppen, Fleisch, Fisch und Kartoffeln mit Quark. Sie ist Bestandteil der italienischen Gremolata, von Kräuterdipps und grünen Soßen.

Rumex scutatus

Römischer Ampfer (Schild-Ampfer)

WUCHS polsterartig, bildet Ausläufer, 20–30 cm hoch | **BLÜTE** unscheinbar, weiß; Juli

Die Blätter des Römischen Ampfers sind besonders saftig. **Anbau und Pflege** Die Pflanze wächst in allen Gartenböden und gedeiht auf der Kräuterspirale auch in der Normalzone. Säen Sie sie direkt aus und bedecken Sie den Samen nur schwach. Damit sie sich nicht zu sehr ausbreitet, halten Sie sie mit der Schere in Schach. Im Winter treibt sie unter Vlies Blätter. **Arten und Sorten** 'Silver Shield' (→ Abb.) ist eine Sorte mit weißlich grünen Blättern. Garten-Sauerampfer *(Rumex acetosa)* ist eine Zuchtform des heimischen Sauerampfers. Er hat viele Blätter, kaum Blüten und wird größer als der Römische. **Verwendung** Das Kraut gibt Salaten, Kräutersoßen, Hühnerfleisch oder Rührei eine frische Note. Erst am Schluss dazugeben, damit es nicht verkocht.

Coriandrum sativum

Koriander

WUCHS buschig, 30–50 cm hoch | **BLÜTE** weiß, leicht rosa; Juni–Juli

Koriander schmeckt eigenwillig. Die einen mögen ihn, die anderen nicht. In orientalischen Gerichten oder asiatischen Suppen ist er das typische Kraut. **Anbau und Pflege** Koriander gedeiht in feuchtem, humusreichem Boden. Säen Sie ihn ab Mai direkt aus. Da er wenn er blüht keine Blätter mehr treibt, säen Sie am besten nach drei bis vier Wochen eine neue Charge aus. **Verwendung** Man kann alles verwenden: Stängel, Blätter, Wurzeln, grüne und reife Samen. Sparsam dosiert, schmeckt das Kraut sehr fein in asiatischen Wokgerichten, in Currys, thailändischen Suppen, zu Gambas, Fisch oder Muscheln. Ausgereifte Samenkörner sind Würze für Brot und Backwaren. Sie schmecken anders als die Blätter, nämlich würzig und etwas süßlich.

Cymbopogon citratus

Zitronengras

WUCHS bildet Horste, 80–120 cm hoch | **BLÜTE** unscheinbar, kommt bei uns meist nicht zur Blüte

Zitronengras stammt aus den Tropen Indiens. Die Stängel enthalten an der Basis große Mengen des ätherischen Öls Citral. **Anbau und Pflege** Pflanzen Sie Zitronengras Mitte Mai. Ein warmer Platz, humoser, feuchter Boden und regelmäßiger Dünger sind ideal. Zitronengras lässt sich gut teilen und verpflanzen. Sie können es auch im Kübel halten. Im Herbst sollten Sie es ins Haus bringen und bei 8–15 °C überwintern. **Verwendung** Man verwendet nur den unteren, verdickten Teil des Stängels. Zum Mitgaren schneiden Sie ihn längs und nehmen ihn am Schluss wieder heraus. Zitronengras passt zu asiatischen Hühner- und Fischsuppen, zu Wok-Gemüse und Currys. Klein geschnittene, frische Stängel mit heißem Wasser überbrüht geben einen aromatischen Tee.

Sonne Halbschatten einjährig zweijährig mehrjährig

Perilla frutescens

Perilla (Shiso)

WUCHS buschig, verzweigt, 50–70 cm hoch | **BLÜTE** weiß oder rötlich; Sept.

Für die japanische Küche ist Perilla oder Shiso unverzichtbar. Es schmeckt stark aromatisch, fast parfümiert. **Anbau und Pflege** Säen Sie Perilla ab Mai in durchlässigen, mit Kompost angereicherten Boden. **Arten und Sorten** Rotes Perilla (→ Abb.) hat gewellte Blätter, die rot färben, Bronzeperilla fein gezackte, bronze überlaufene Blätter. Die Blätter der japanischen Perilla sind grün und auf der Unterseite rot. Grünes und bronzefarbenes Perilla schmecken milder als rotes. **Verwendung** In Japan gibt man klein geschnittene Blätter in den Sojadipp für Sushi und Sashimi, würzt Fisch und Eierspeisen und legt Umeboshi-Pflaumen damit ein. Lecker sind Lachsfilets, in Perillablätter eingewickelt und über Dampf gegart. Perilla passt auch zu Salat, Zucchini oder Huhn.

Stevia rebaudiana

Stevia (Süßblatt)

WUCHS buschig, verzweigt, 30–50 cm hoch | **BLÜTE** weiß; ab Nov.

Stevia kommt aus dem subtropischen Paraguay. Sie enthält Steviosid, einen Stoff, der 30-mal süßer als Zucker ist. In den USA und in Japan wird Stevia als Diabetikersüße angebaut, in Deutschland ist der Anbau nur im Privatgarten erlaubt. **Anbau und Pflege** Pflanzen Sie Stevia Mitte Mai in lockeren, feuchten Boden an eine geschützte Stelle. Geben Sie ihr organischen Dünger. Man pflanzt Stevia entweder jedes Jahr neu oder überwintert sie bei 15–20 °C und gießt mäßig. **Verwendung** Traditionell wird Stevia zum Süßen von Mate-Tee verwendet. Sie können die Blätter im Kompott mitkochen oder in Teemischungen mit überbrühen. Zum Trocknen nimmt man etwas ältere Blätter, sie enthalten am meisten Steviosid. Im Mörser zerstoßen, kann man sie gut dosieren.

winterhart bedingt winterhart nicht winterhart

Agastache rugosa

Agastache, Koreanische Minze

WUCHS aufrecht, 60–90 cm hoch | **BLÜTE** blauviolett, rosa, pupur, weiß; Juli–Sept.

Agastachen stammen aus Nordamerika und Asien. Ihr großes Plus sind die duftenden Blätter und die lange Blütezeit. Die Blüten bieten reichlich Nektar für Honigbienen und Schmetterlinge. **Arten und Sorten** Koreanische Minze (*Agastache rugosa*, → Abb.) hat herrliches Minzearoma. 'Korean Zest' wird nur 60 cm hoch und eignet sich gut für die Kräuterspirale. Anis-Ysop (*Agastache foeniculum*) duftet nach Lakritze. **Anbau und Pflege** Agastachen brauchen durchlässigen, humosen Boden. Sie vertragen keine Staunässe. Man setzt Jungpflanzen oder sät Samen direkt ins Beet. Agastachen werden nicht sehr alt, pflanzen Sie sie nach drei bis vier Jahren neu. **Verwendung** Die Blätter geben einen wunderbaren Tee. Die Blüten verwendet man für Süßspeisen.

Salvia rutilans

Ananassalbei

WUCHS buschig, 80–120 cm hoch | **BLÜTE** feuerrot; Okt.

Ein besonders aromatisches Exemplar aus der Salbeifamilie ist der Ananassalbei aus Mittelamerika. Die Blätter duften bei Berührung intensiv nach Ananas. Er wächst im Lauf des Sommers zu einem kleinen Busch heran. **Anbau und Pflege** Pflanzen Sie Ananassalbei in humose Erde und geben Sie organischen Langzeitdünger dazu. Regelmäßiges Gießen und Lockern der Erde fördern das Wachstum. Vor dem Frost verpflanzt man ihn in einen Kübel und überwintert ihn im Haus bei ca. 15 °C. Oder man lässt im Herbst Stecklinge bewurzeln und überwintert diese. Mitte Mai kommt er wieder nach draußen. **Verwendung** Verwenden Sie die Blätter frisch in sommerlichen Tees, aromatisierten Getränken, Desserts oder süßsauren Gerichten. Die Blüten schmecken süß.

Sonne Halbschatten einjährig zweijährig mehrjährig

Nepeta cataria ssp. *citriodora*

Weiße Melisse

WUCHS buschig, verzweigt, 40–60 cm hoch | **BLÜTE** weiß oder zartlila; Juli

Weiße Melisse ist eine Unterart der Katzenminze. Sie ist im Voralpen- und Alpengebiet beheimatet und wurde dort als Teepflanze in den Bauerngärten kultiviert. Ihre Blätter duften fein nach einer Mischung aus Zitrone, Minze und Rose. **Anbau und Pflege** Pflanzen Sie Weiße Melisse in die Humus- oder Normalzone. Sorgen Sie am Anfang für genug Feuchtigkeit. Ein Rückschnitt im Sommer regt den Wuchs an. Da die Melisse nicht sehr alt wird, pflanzt man sie alle drei bis vier Jahre neu. **Verwendung** Eine hervorragende Duft- und Teepflanze, nur wenige Blätter genügen zum Aromatisieren. Auch nach dem Trocknen behalten die Blätter ihr Aroma. Köstlich: ein Sommertee aus frischer Zitronenverbene, Weißer Melisse, Kretischer Melisse und Orangenminze.

Aloysia citriodora syn. *Aloysia triphylla*

Zitronenverbene

WUCHS strauchartig, 60–150 cm hoch | **BLÜTE** weiß, unscheinbar; Juli–Aug.

Das Aroma der Zitronenverbene ist an Frische nicht zu überbieten. Schade, dass der Strauch aus Südamerika bei uns nicht frosthart ist. **Anbau und Pflege** Die Pflanze braucht gute, humose Erde und etwas Dünger. Bis zum Anwachsen feucht halten. Zum Überwintern setzt man sie in einen Kübel und stellt sie kühl (ca. 0 °C) und trocken. Sie kann auch dunkel stehen, dann fällt das Laub ab. Im Frühjahr stark zurückschneiden, langsam mit dem Gießen beginnen und ab Mai nach draußen stellen. **Verwendung** Im Sommer können Sie laufend frische Blätter ernten. Sie geben Tees, Bowlen und Desserts ein zitronig-fruchtiges Aroma und passen gut zu Fisch. Zitronenverbene kann man für Tee, Duftsäckchen, Trockensträuße und Potpourris sehr gut trocknen.

winterhart   bedingt winterhart   nicht winterhart

Nepeta spec.
Katzenminze

WUCHS aufrecht, horstartig, 30–80 cm hoch | **BLÜTE** blau, lila, weiß, rosa; Juni–Sept.

Ihre lange Blüte und die silbergrauen Blätter, die nach Minze, Kampfer und Zitrone duften, sprechen für die Katzenminze. **Anbau und Pflege** Katzenminze gedeiht in der Humus- und Normalzone. Teilen und verpflanzen Sie die Staude alle zwei bis drei Jahre, das wirkt verjüngend. Ein Rückschnitt der welken Blüten im Sommer regt eine zweite Blüte bis in den Herbst an. Katzenminze ist eine prima Bienenweide. **Arten und Sorten** Die Echte Katzenminze (*Nepeta cataria*) ist bei uns heimisch. Ihre Blätter nutzt man auch zu Heilzwecken. Für die Kräuterspirale sind die niedrigere Blauminze *Nepeta* x *faassenii* 'Walker's Low' (→ Abb.) oder die weiß blühende 'Snowflake' interessant. Auch die Traubige Katzenminze (*Nepeta racemosa*) macht auf der Spirale eine gute Figur.

Salvia nemorosa
Steppensalbei

WUCHS buschig, 30–50 cm hoch | **BLÜTE** dunkelviolett, blau, weiß oder rosa; Mai–Sept.

Der in Europa heimische Steppensalbei begeistert mit violetten Blüten von Frühsommer bis Herbst. Als kräftiger Farbfleck ist Steppensalbei eine tolle Ergänzung zu silberblättrigen Kräutern. **Anbau und Pflege** Steppensalbei gedeiht sowohl in der Humus- als auch in der Normalzone, braucht aber einen sonnigen Platz. Geben Sie ihm etwas Kalk. Wenn Sie die welken Blüten rechtzeitig zurückschneiden, blüht er im Spätsommer aufs Neue. **Arten und Sorten** Wunderschön sind die dunkelviolette Sorte 'Caradonna' oder die tiefblaue 'Mainacht'. Lange Blüte und einen kompakten Wuchs bietet die Sorte 'Marcus'. Sie wird nur 25 cm hoch und passt gut auf die Spirale. 'Schwellenburg' blüht violettrot und hat besonders schöne fedrige Blüten.

Sonne · Halbschatten · einjährig · zweijährig · mehrjährig

Veronica beccabunga

Bachbunge (Bach-Ehrenpreis)

WUCHS kriechend, teils unter Wasser, 20–30 cm hoch | **BLÜTE** himmelblau; Mai–Sept.

Die heimische Bachbunge wächst in Fließgewässern und an Teichufern. Im Mittelalter war sie eine geschätzte Heilpflanze. **Anbau und Pflege** Setzen Sie die Bachbunge in die Flachwasserzone des Teichs oder an den Rand des Wasserbeckens. 5–10 cm Wassertiefe sind ideal. Am besten wurzelt die Pflanze in schlammigem Boden, dort bekommt sie die meisten Nährstoffe. Füllen Sie im Sommer öfter frisches Wasser nach. **Verwendung** Bachbunge enthält Vitamin C, Gerb- und Bitterstoffe und regt den Stoffwechsel an. Am besten schmecken die Blätter im Frühjahr. Einige wenige im Salat fördern die Verdauung. Ein klein gehackter Mix aus Bachbunge, Brunnenkresse, Löwenzahn und Brennnessel in Essig und Öl oder im Quark gilt als Muntermacher.

Nasturtium officinale

Brunnenkresse

WUCHS verzweigt, flächig, 20–40 cm hoch | **BLÜTE** weiß; Mai–Sept.

Brunnenkresse ist in ganz Europa in Bächen mit klarem Wasser zuhause. Das altbekannte Heil- und Küchenkraut enthält wertvolle Senföle und viele Vitamine. **Anbau und Pflege** Pflanzen Sie Brunnenkresse in die Sumpfzone im Teich oder Wasserkübel. Das Wasser darf bis zu 15 cm hoch stehen. Gut ist es, wenn sich dort bereits eine Schlammschicht gebildet hat. **Verwendung** Brunnenkresse schmeckt scharf und leicht bitter, junge Blätter sind milder. Sie würzen den Salat oder Kräuterquark und passen gut in Sahnesüppchen. Ihre vitalisierende Wirkung zeigt sich am besten als Frühjahrskur zusammen mit anderen Kräutern (→ Bachbunge). Vorsicht: Essen Sie Brunnenkresse nicht in großen Mengen und über eine lange Zeit, sie kann zu Nierenreizungen führen.

Art

In der Botanik sortiert man Pflanzen nach gemeinsamen Merkmalen. Als eine Art (lateinisch: *species*) gelten einander ähnliche Pflanzen, die untereinander fruchtbare Nachkommen erzeugen können. Der wissenschaftliche Name besteht aus zwei Wörtern. Als Erstes steht immer der Name der Gattung der nächsthöheren Ordnungsgruppe. Als Zweites folgt der eigentliche Artname.

Ätherische Öle

Darunter versteht man die stark riechenden Inhaltsstoffe der Pflanzen, die aus verschiedenen chemischen Substanzen zusammengesetzt sind und für den jeweiligen typischen Duft einer Pflanze verantwortlich sind, wie z. B. Linalool in Basilikum. Ätherische Öle sind flüchtig, d. h. sie verfliegen bei Wärme und Sonneneinstrahlung. Man kann sie durch Wasserdampfdestillation aus den Pflanzen gewinnen.

Aussaaterde

Eine im Handel erhältliche, nährstoffarme Erde, die sich zum Anziehen von Pflanzen in Schalen und Töpfen eignet. Sie ist keimfrei, speichert Wasser sehr gut und schimmelt nicht. Aus ökologischen Gründen sollte man darauf achten, dass die Anzuchterde ohne Torf hergestellt wurde. Erden mit Torfersatzstoffen sind im Fachhandel erhältlich.

Boden

Man definiert Böden nach ihrer Kornstruktur, von kleinsten Bestandteilen wie Ton über Lehm bis zu Sand. Eher sandige, »leichte« Böden, sind wasserdurchlässig und können Nährstoffe nicht so gut speichern, sind also mager. Eher lehmige »schwere« Böden kleben nach dem Regen zusammen, im ungünstigsten Fall staut sich das Wasser. Sie binden viele Nährstoffe. Eine gute Gartenerde besteht aus Sand, Lehm und Humus in einem ausgewogenen Verhältnis.

Dränage

Mit Dränage bezeichnet man Maßnahmen und Techniken zur Entwässerung des Bodens. Sie wird besonders beim Hausbau eingesetzt. Im Falle der Kräuterspirale wird der Untergrund 15–20 cm tief ausgegraben und mit Schotter befüllt, damit Regen- und Gießwasser abfließen und die Trockenmauer stabil bleibt.

Einjährige Pflanzen

Einjährige Pflanzen keimen und entwickeln innerhalb einer Vegetationsperiode Triebe mit Blättern, Blüten und Samen. Mit der Samenreife haben sie ihre Entwicklung abgeschlossen und sterben ab. Manche bei uns einjährig gezogenen Pflanzen gehen mit dem ersten Frost ein. In ihrer Heimat sind sie jedoch zwei- oder mehrjährig.

Frosttrocknis

Vor allem für immergrüne Pflanzen bedrohlich. Zu Frosttrocknis kommt es bei Kahlfrösten, also wenn keine schützende Schneedecke liegt und gleichzeitig die Wintersonne den Stoffkreislauf in den Blättern ankurbelt. Die Pflanzen verdunsten dann Wasser, können aber aus dem gefrorenen Boden kein Wasser ziehen und vertrocknen. Gefährdete immergrüne Pflanzen sollte man deshalb mit einem Winterschutz aus Vlies oder Reisig vor der Wintersonne und zusätzlich austrocknenden Winden schützen.

Gärtnervlies (Gartenvlies)

Ein Gärtnervlies ist eine atmungsaktive, licht- und feuchtigkeitsdurchlässige Gaze, die die Pflanzen gegen Frost, Kälte, Wind oder Sonneneinstrahlung schützt. Ein Vlies eignet sich zum Abdecken von Beeten, um die Ernte bis in den Winter hinein zu verlängern oder um die Pflanzen im Frühjahr vorzuziehen, oder als Winterschutz für bei uns nicht ganz frostharte mediterrane immergrüne Pflanzen.

Halbsträucher

Pflanzen, deren Triebe nur im unteren Teil verholzt sind, z. B. Lavendel. Wenn man die oberen, weicheren Teile der Pflanzen im Frühjahr zurückschneidet, treiben sie aus den letztjährigen, verholzten Stängeln neu aus.

Humus

Humus ist der wertvolle, dunkle Bestandteil eines Bodens. Er entsteht durch das Verrotten von organischem Material. Unzählige Bodenorganismen bauen die organischen Substanzen ab. Bei diesem Prozess entstehen stabile Bodenkrümel, ein Indikator für eine gute Bodenfruchtbarkeit. Man regt die Humusbildung an, indem man dem Boden Pflanzenabfälle, Mulch oder Kompost zuführt.

Kalk

Mineral, das aus Gestein oder Algen gewonnen wird. Kalk im Boden sorgt dafür, dass die Nährstoffe (Stickstoff, Phosphor, Kalium, Magnesium) und die Spurenelemente für die Pflanzenwurzeln verfügbar werden. Im Fachhandel ist Kalk als kohlensaurer Kalk, Dolomitkalk oder Algenkalk erhältlich. Da Kalk den Humusabbau beschleunigt, sollte man ihn nur alle ein bis zwei Jahre ausbringen.

Kompost

Dunkle, lockere und krümelige Erde, die durch das Verrotten von Garten- und Küchenabfällen entsteht. Ein guter Kompost besteht aus möglichst verschiedenen Materialien. Je nach Ausgangsmaterial dauert es 1–1 ½ Jahre, bis das Material völlig verrottet ist. Beschleunigt wird die Rotte durch mehrmaliges Umsetzen und Durchmischen sowie konstante Feuchtigkeit. Für Aussaaten nur reifen Kompost verwenden und vorher durchsieben.

Langzeitdünger

Mineralische Langzeitdünger, die meist in Form von Pellets erhältlich sind, geben die Nährstoffe langsam im Lauf von mehreren Monaten ab. Im Gegensatz zum schnell löslichen Blaukorn werden so Stickstoff, Phosphor und Kali in kleinen Dosen nach und nach für die Pflanzen verfügbar. Dies verhindert die Überdüngung und Auswaschung der Düngesalze.

Mulch

Bodenabdeckung mit Grasschnitt, Pflanzenabfällen, Kies oder Splitt, um im Sommer den Boden vor dem Austrocknen zu schützen, um Unkrautwuchs zu unterdrücken und um das Bodenleben zu fördern. Eine Winterabdeckung mit Laub und Gartenabfällen schützt während der Frostperiode das Bodenleben sowie Neupflanzungen und verhindert die Erosion des Bodens.

Organischer Dünger

Aus Abfallstoffen von lebenden Organismen gewonnener Dünger wie Hornspäne, Mist, Bohnenschrot, Guano (im Gegensatz zum chemisch-synthetisch hergestellten sogenannten Kunstdünger). Er wirkt langsam, da die darin enthaltenen Nährstoffe erst von den Bodenorganismen aufgeschlossen werden müssen. Organischer Dünger trägt zur Humusbildung bei.

Permakultur

Die Permakultur wurde von dem Australier Bill Molisson entwickelt und bezeichnet das Konzept einer nachhaltigen Landwirtschaft.
Statt Monokulturen, aufwendigem Input und Verschwendung von Energie und Ressourcen werden stabile Ökosysteme angestrebt, in denen die einzelnen Elemente in produktiver Wechselwirkung zueinander stehen. Jedes Element erfüllt dabei mehrere Funktionen und jede Funktion wird durch mehrere Elemente abgedeckt. Einige Permakultur-Ideen lassen sich auch auf Städte übertragen und finden sich im urbanen Gärtnern wieder. In den von Molisson gegründeten Permakultur-Akademien kann man dieses Wissen erlernen.

Sorte

Spielart einer Pflanzenart, z. B. mit unterschiedlichen Blüten- oder Blattformen und -farben, andersartigem Wuchs oder Duft. Sorten entstehen durch natürliche Mutationen oder gezielt durch Züchtung bzw. Auslese. Als Sorte werden nur solche Pflanzen anerkannt, die innerhalb einer Art tatsächlich andersartig und mit unverwechselbaren Eigenschaften ausgestattet sind. Sortennamen werden nach dem botanischen Namen in einfachen Anführungszeichen angegeben.

Splitt

Splitt ist gebrochenes Gesteinsmaterial, das in einer Korngröße von bis zu 32 mm gehandelt wird. Ist es größer, nennt man es Schotter.

Stauden

Ausdauernde Pflanzen, die keine holzigen, sondern nur weiche Stängel bilden. Diese frieren im Winter meist ab oder welken. Im Frühjahr treiben die Stauden neu aus.

Substrat

Unter Substrat versteht man eine Pflanzerde, die aus verschiedenen Komponenten zusammengesetzt ist: Zu diesen zählen Lehm, Sand, Kies, Splitt, Kompost, Kalk und Dünger.

Trockenmauer

Eine Mauer, die in traditioneller Bautechnik ohne Mörtel errichtet wurde. Sie kommt in Weinbergen und mediterranen Olivenhainen häufig vor. Die Lücken zwischen den Steinen dienen Tieren als Unterschlupf. Als Naturschutzmaßnahme werden Trockenmauern heute oft restauriert.

Zweijährige Pflanzen

Pflanzen wie z. B. Petersilie, die im ersten Jahr eine Blattrosette bilden und im zweiten Jahr Stängel mit Blüten treiben. Nach der Samenreife im zweiten Jahr sterben sie ab.

Die **halbfett** gesetzten Seitenzahlen verweisen auf Abbildungen, U = Umschlag, UK = Umschlagklappe.

Bezugsquellen

› Rühlemann's Kräuter & Duftpflanzen
Auf dem Berg 2
27367 Horstedt
www.ruehlemanns.de

› Dreschflegel
In der Aue 31
37213 Witzenhausen
www.dreschflegel-saatgut.de

› Syringa Duftpflanzen und Kräuter
Bachstraße 7
78247 Hilzingen-Binningen
www.syringa-samen.de

Wichtige **Hinweise**

› Essbare Kräuter sollten nicht im Übermaß verzehrt werden.

› Bei ernsthaften Erkrankungen ersetzt die Anwendung von Heilkräutern auf keinen Fall den Gang zum Arzt! Halten Sie sich bei der Einnahme von Heilkräutern immer an die angegebene Dosierung. Eine Überdosierung kann sehr schädlich sein.

› Wenn Sie sich bei der Arbeit mit Pflanzen und Erde verletzen, sollten Sie umgehend einen Arzt aufsuchen. Eventuell ist eine Impfung gegen Tetanus erforderlich.

› Bewahren Sie Pflanzenschutzmittel und Dünger (auch Bio-Produkte) für Kinder und Haustiere unerreichbar auf. Halten Sie bei der Anwendung Kinder fern.

› Hof Berggarten Großherrischwand
Lindenweg 17
79737 Herrischried
www.hof-berggarten.de

› Staudengärtnerei
Dieter Gaissmayer
Jungviehweide 3
89257 Illertissen
www.staudengaissmayer.de

› Arche Noah
Obere Straße 40
A-3553 Schiltern
www.arche-noah.at

Vereine, Fortbildungen

› Ökostation Freiburg des BUND
Falkenbergerstr. 21 b
79110 Freiburg
www.oekostation.de
Kräuterkurse, Gartenbauschule

› Permakultur Institut e. V. Berlin
www.permakultur-institut.de
Workshops und Weiterbildung zum Permakultur-Designer

› Permakultur Krameterhof
Sepp Holzer
Keusching 13
A-5591 Ramingstein
www.krameterhof.at
Kurse, Führungen, Publikationen

Literatur

› Kötter, E.: Kräuter für jeden Geschmack. Gräfe und Unzer Verlag, München

› Hudak, R.: Kräuter selbst anbauen. Gräfe und Unzer Verlag, München

› Molisson, B.: Permakultur konkret – Entwürfe für eine ökologische Zukunft. pala-verlag, Darmstadt

Bildnachweis

Arco Images/Otmar Diez: 3; **Avenue Images:** 34-1, 35-1; **Bildagentur online:** 9-2; **Biosphoto:** U3-1, 15-2, 39, 40-1; **Blickwinkel:** 19-4; **Elke Borkowski:** 17, 19-1, 34-2, 44, 51-1;**Coverpicture:** 2; **ddp:** U7-2, 19-5; **Doc-Stock:** U6-1, U6-4; **F1-online:** 9-1, 9-3; **Flora-Press:** U4-1, 19-3, 19-6, 27-4, 27-6, 43-1; **FloraPress/GAP:**14; **Fotolia/ Team5:** U6-2; **fotofinder/ naturbildportal/ Manfred Ruckszio:** 33,36-1; **GAP:**U3-2, U4-2, U6-3, 16-1, 16-2, 21, 30, 32-1, 32-2, 35-2, 36-2, 37-1, 37-2, 50-1, 50-2, 54-2; **Getty Images:** U4-3, 6, 31-1, 43-2, 48-1; **Jahreszeiten Verlag:** U7-1; **Julius Images/Redeleit:** 7-2; **Anneliese Kompatscher:** 49-1; **Marion Nickig:** 38-1, 40-2, 45-1, 47-2, 51-2, 55-1; **Mauritius Images:** 15-1, 20, 38-2,41-1 41-2, 42, 45-2, 48-2, 52-2, 53-1, 54-1, 55-2, 56-1; **MMGI/ Marianne Majerus:** 8; **Okapia Bildarchiv:** 56-2, 57-2; **Jutta Schneider/Michael Will:**4, 7-1, 10-1, 10-2, 10-3, 11-1, 11-2,11-3, 12-1, 12-3, 13-1, 22-1, 22-2, 23-1, 23-2, 23-3, 24, 25, 27-5, 28, 31-2, 46, 47-1, 49-2, 52-1, 53-2; **Stockfood:** U7-3, 27-1, 27-2, 27-3; **Annette Timmermann:** 1, 19-2; **Vario Images:**57-1
Cover: Caroline Pieper
U8: A1Pix/ Otmar Diez; Flora-Press/Otmar Diez

Gartenlust pur.

ISBN 978-3-8338-3863-7

ISBN 978-3-8338-3804-0

ISBN 978-3-8338-3862-0

ISBN 978-3-8338-6533-6

ISBN 978-3-8338-6135-2

ISBN 978-3-8338-3861-3

e Auch auch als eBook erhältlich.

Mehr von GU auf **www.gu.de** und
facebook.com/gu.verlag

GU
Willkommen im Leben.

Die Autorin

Heide Bergmann ist Lehrerin und Gärtnerin und lebt in Freiburg. Sie ist Mitbegründerin der Ökostation Freiburg des BUND. Unter anderem legte sie dort einen Biogarten und einen Heilkräutergarten an und gründete das »Grüne Klassenzimmer«. Seit 1987 gibt sie Kräuter- und Gartenkurse und schreibt Bücher über Bio-Gartenbau und das Gärtnern mit Kindern.

Dank

Für die gärtnerische Unterstützung und den Fachaustausch danke ich herzlich Fritz Thier Garten- und Landschaftsbau. Dank auch an die Ökostation, Valerie Steinhäußer, Barbara Kleiber und Werner Klenk.

Projektleitung: Cornelia Nunn
Lektorat: Barbara Kiesewetter
Bildredaktion: Daniela Laußer, Petra Ender (Cover)
Layout, Typografie und Umschlaggestaltung: independent Medien-Design, Horst Moser, München
Herstellung: Martina Koralewska
Satz: Uhl + Massopust, Aalen
Reproduktion: Longo AG, Bozen
Druck und Bindung: Firmengruppe APPL, aprinta druck, Wemding
Syndication: www.seasons.agency

Printed in Germany
ISBN 978-3-8338-3463-9
7. Auflage 2019

GRÄFE UND UNZER

Ein Unternehmen der
GANSKE VERLAGSGRUPPE

Liebe Leserin, lieber Leser,

haben wir Ihre Erwartungen erfüllt? Sind Sie mit diesem Buch zufrieden? Haben Sie weitere Fragen zu diesem Thema? Wir freuen uns auf Ihre Rückmeldung, auf Lob, Kritik und Anregungen, damit wir für Sie immer besser werden können.

GRÄFE UND UNZER Verlag
Leserservice
Postfach 86 03 13
81630 München
E-Mail:
leserservice@graefe-und-unzer.de

Telefon: 00800 / 72 37 33 33*
Telefax: 00800 / 50 12 05 44*
Mo–Do: 9.00 – 17.00 Uhr
Fr: 9.00 – 16.00 Uhr
(gebührenfrei in D, A, CH)*

Ihr GRÄFE UND UNZER Verlag
Der erste Ratgeberverlag – seit 1722.

Umwelthinweis

Dieses Buch ist auf PEFC-zertifiziertem Papier aus nachhaltiger Waldwirtschaft gedruckt.

www.facebook.com/gu.verlag